占い芸人
ますかた一真の
Cinematic Astrology

自分で占えるようになる

西洋占星術の超入門

著 ますかた一真　監修 ザッパラス

インプレス

人は誰しも、自分だけのシナリオを
持って生まれてきます。
もちろん主人公はあなた。
そして監督も、あなた。

本当の自分なんて、ない。あるのは、あなたの人生という壮大な物語

ぼくが占いと出会ったのは今から3年前。お笑い芸人が占い師としてデビューするという番組の企画がきっかけでした。当時35歳だったぼくはそれまでまったく占いの知識はなく、何とか仕事が欲しい一心で占いの世界に裸足で駆け込みました。

それまでぼくは占い＝「未来が見通せる不思議なチカラ」くらいに思っていました。超能力やオカルトのような、ワクワクする未知のパワー。でも、それはすぐに間違っていると気づかされました。そもそも西洋占星術、いわゆる「星座占い」というジャンルについて、まったく分かっていなかった。

自分の血液型を知らなくても、自分の星座を知らない人はいないと思います。雑誌の占い特集を流し読みしたことがある人なら、なんとなく自分の星座がどんな性格なのかも分かっているかも。ぼくはしし座なのですが、よくいわれる「目立ちたがり」や「派

手好き」というしし座の性格は自分自身でもしっくりきていました。しかし、西洋占星術を学び始めて、それはただの一側面にしか過ぎないということを知りました。

西洋占星術では、生まれた瞬間の星空の図を基に、あなたの性格や運命を占います。この星空の図を**ホロスコープ**といいます。「ぼくはしし座」「彼女はおとめ座」とみんなが言うこの「○○座」というのは、「生まれた瞬間に太陽が輝いていた方向の星座」のことを指します（占い的には「太陽星座」といいます）。

あなたが生まれた瞬間
あなたが生まれた場所から
見えた空の星を

地球を中心に、
見えていない星まで
描いて

簡略化して表したのが
出生ホロスコープ（天球図）

生まれたときの空には、太陽を含めて10個の惑星があって、それらが別々の星座の方向に輝いています。その意味を読み解くのが西洋占星術です。

西洋占星術を学ぶと、今まで自分の星座だと思っていたのは太陽がある方向の星座だというだけで、他にも惑星がいくつもあって、さらにそれぞれに別の星座があるのだ、ということにまず衝撃を受けます。ぼくもそうでした。自分の中に何座と何座があるのか早く知りたいと思ったし、うっすらと星座占いに抱いていた「人間の性格がたった12種類に分類されるのかなあ」という思いが打ち砕かれました。それでも、太陽星座は最も大切な星として扱われるので、星座占いで使われたり、プロフィールに刻まれたりもします。

では太陽以外の惑星は何のために存在するのか。

惑星にはすべて役割があります。例えば月は「内面」、水星は「コミュニケーション能力」、金星は「恋する心」などなど。それらが12星座というテイストで彩られます。西洋占星術では、星座のことをサインといいます。単純に英語でサイン（ｓｉｇｎ）なのですが、日本語の「星座」よりは、合図とか信号とか、何かメッセージを送っているイメージがふくらみますよね。金星のサインは、恋愛をしているときの自分がどんなキャラクターでいるのか、メッセージで教えてくれているということです。

さらに西洋占星術には、「ハウス」という考え方があります。これはいわば「現場」です。それぞれの惑星が、どの現場で輝くか、ということです。ということは、〇〇座っぽい自分（太陽）と内面の自分（月）と恋をしている自分（金星）が、全部別々のキャラクターと現場を持つこともあり得るということです。

つまり、**「本当の自分」なんてない**、ということ。職場ではクールでコスパ最優先なのに、恋愛ではパートナーに過剰に甘えてしまう。これは「職場では偽りの仮面をつけている」とか、「パートナーに対してだらしない」とかではなく、そもそも場面によって使っている自分の惑星が違うから、だといえます。

ここまで読んでみただけで、西洋占星術が超能力や予言のようなものではないとお気づきの方も多いでしょう。

西洋占星術が解き明かすのは未来ではなく、自分自身です。

ぼくは映画が大好きなのですが、ホロスコープを紐解く作業は、まるで1本の映画を観ているようだと感じることがあります。人生が1本の映画だとしたら、そしてホロスコープが自分の**シナリオ**だとしたら。自分自身でそのシナリオを読むことができれば、ほんの少し、生きていくことが楽になるかもしれません。

本書では、ホロスコープを映画のシナリオに見立てて、あなたの人生という物語でどんな星々が輝いているのかを、一緒に読み取っていきたいと思います。自分がどんな性格なのか、どんな可能性があるのか、ないのか。誰の前でも常に同じ態度と能力を表明して、それが日常のあらゆる場面で発揮される……なんて人はいないし、そうでないことで生きにくさを感じなくて良いのです。むしろ悩んでいる部分、矛盾を感じている部分こそが、その人の個性であり、味わいかもしれません。数千年の歴史を持つ西洋占星術は、太古の昔からこんなことを我々に許してくれているのだと思います。

ホロスコープで分かること

本書は、今日はじめてホロスコープを目にする【超初心者向け】の本です。あなたが持って生まれた物語の「登場人物」やその「相関図」、「ロケーション」を知ることによって、

- **持って生まれた性質や可能性が分かる**
- **生きづらさの原因が分かる**
- **占いで「遊べる」**

ようになります。

さっそくホロスコープを作成しよう!

URANAI ACADEMY
のサイトで簡単作成

右の二次元コードをスマートフォンのカメラで読み取り、表示されたURLをタップすると、入力画面が表示されます。

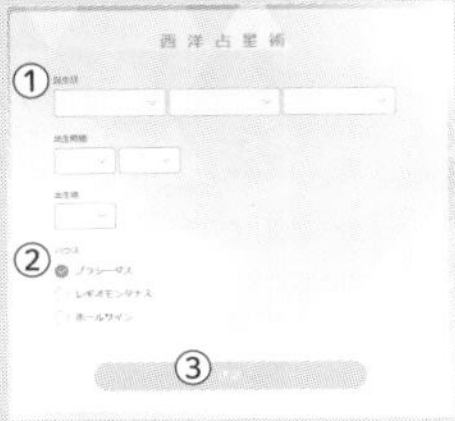

①生年月日・時刻・出生地を入力
※時刻不明の場合は［12：00］と入力

②ハウスは［プラシーダス］を選択

③［送信］をクリック

PCはこちら https://www.uranai-academy.jp/tools/horo/input

本書は、あなたのホロスコープを、あなた自身が読み解けるようになることを目的としています。まずはページ上部の二次元コードから、ホロスコープを割り出してみてください。

結果ページにはさまざまな要素が表示されますが、本書ではメインの「ホロスコープ図」と、「天体の位置」を活用していきます。この2つの項目については左のページに書き写して、いつでも見返せるようにしてみてください。

書き込み表
ダウンロード

Check!

ホロスコープ書き込み表

① 結果ページの「天体の位置」をホロスコープの下の表に書き写しましょう。
② ホロスコープの外側の枠に、星座を順番通りに書き込みましょう。
③ ハウスの線を書き写しましょう。星座の線とは異なるので注意が必要です。
④ 惑星を書き込みましょう。記号を使わず、㊏・㊊・㊌などでも構いません。

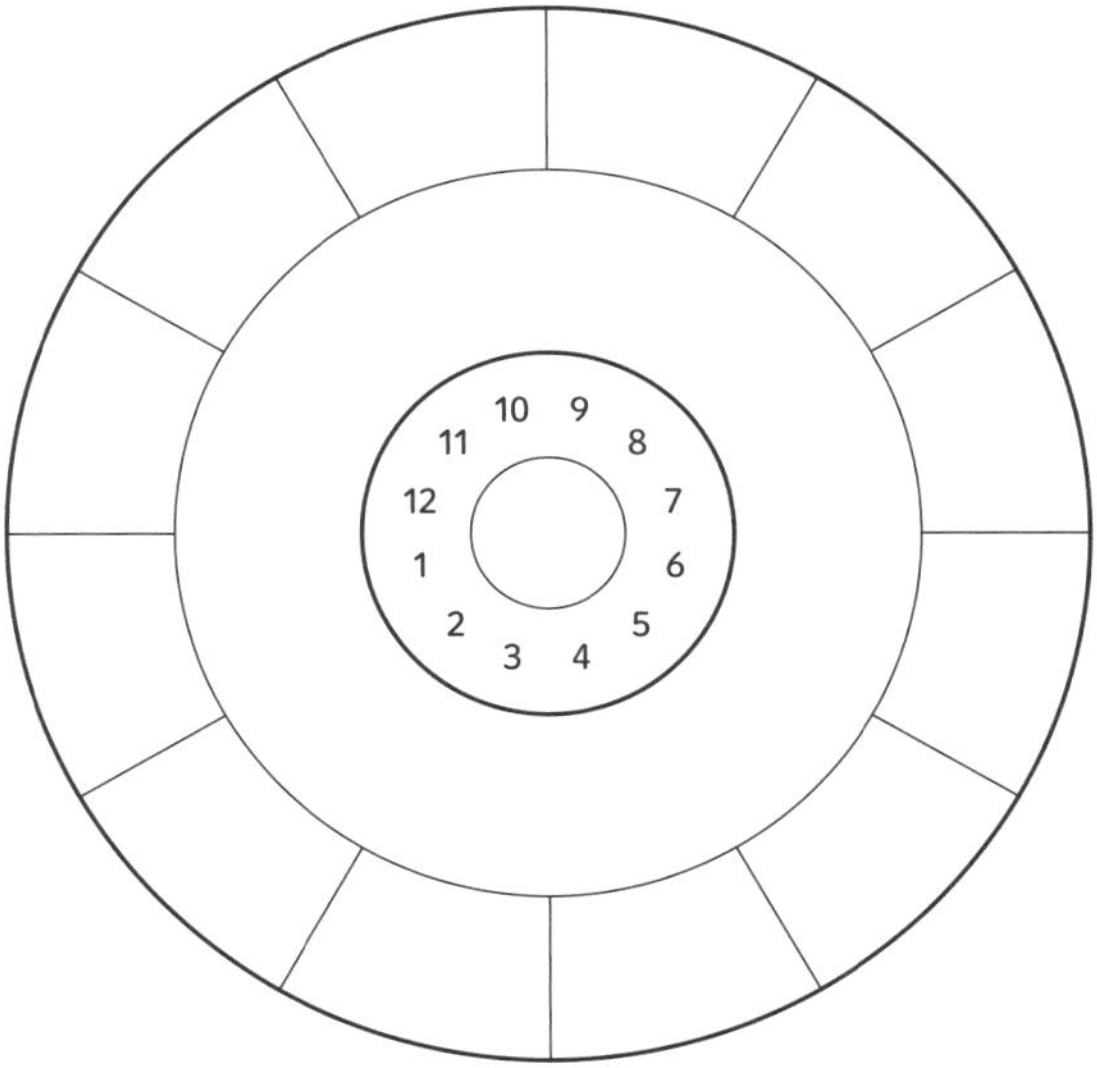

♈ おひつじ座
♉ おうし座
♊ ふたご座
♋ かに座
♌ しし座
♍ おとめ座
♎ てんびん座
♏ さそり座
♐ いて座
♑ やぎ座
♒ みずがめ座
♓ うお座

☉	太陽	座	ハウス
☽	月	座	ハウス
☿	水星	座	ハウス
♀	金星	座	ハウス
♂	火星	座	ハウス

♃	木星	座	ハウス
♄	土星	座	ハウス
♅	天王星	座	ハウス
♆	海王星	座	ハウス
♇	冥王星	座	ハウス

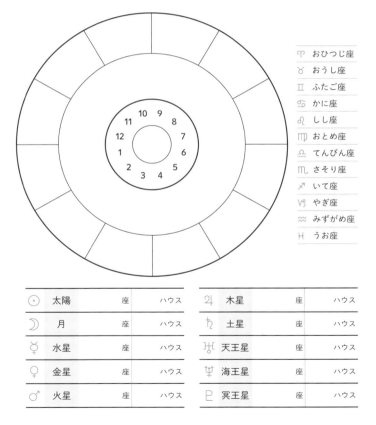

contents

第2章

第3章

contents

第1章

ホロスコープのあらすじ

人生という映画のシナリオは星空に書かれている

では、いよいよ実際にホロスコープを読んでみましょう。先ほど、惑星には「役割」があり、星座（サイン）はその「テイスト」を表し、ハウスはそれらが輝く「現場」だと書きました。ホロスコープをシナリオとして組み立てるために、これらを物語のようにつなげて読んでみたいと思います。そのために、惑星の中で最も重要な太陽は「全体像」、映画でいう**ジャンル**としてみる。惑星は**シーン**。水星は「会話のシーン」、金星は「恋愛のシーン」といった具合です。サインはそのシーンでどんな**キャラクター**を演じるか、ハウスはそのシーンが繰り広げられる**シチュエーション**とします。こうして映画の要素になぞらえてみることで、ホロスコープが物語として浮かび上がってきます。

それぞれに意味がある以上、惑星とサイン、ハウスを丁寧に掛け合わせて読めれば良いのですが、組み合わせるだけで膨大な作業です。そこでまずは、ホロスコープの全体像をざっくり読んでみましょう。映画でいう「あらすじ」みたいなものです。

あらすじを知ってから映画を観るほうが内容をより深く理解できるし、怖いシーンがあるか、家族で観ても気まずくないかなどを把握しておいたほうが、安心して楽しめますよね。『タイタニック』を知らない人に説明するときにも、「まずおばあさんが出てきて、思い出を振り返って、あんまり好きじゃない婚約者がいて……」とひとつひとつ説明するより、「船の上で大恋愛する話！」と言ってあげるほうが親切です。

それでは、ホロスコープのどの部分をどんな順番で読めばあらすじが掴めるか、一緒に見ていきましょう。

ホロスコープがシナリオだとしたら……

人生（映画）がどんなジャンルで、どんなシーンでどんなキャラクターが物語を織り成すのかが分かる

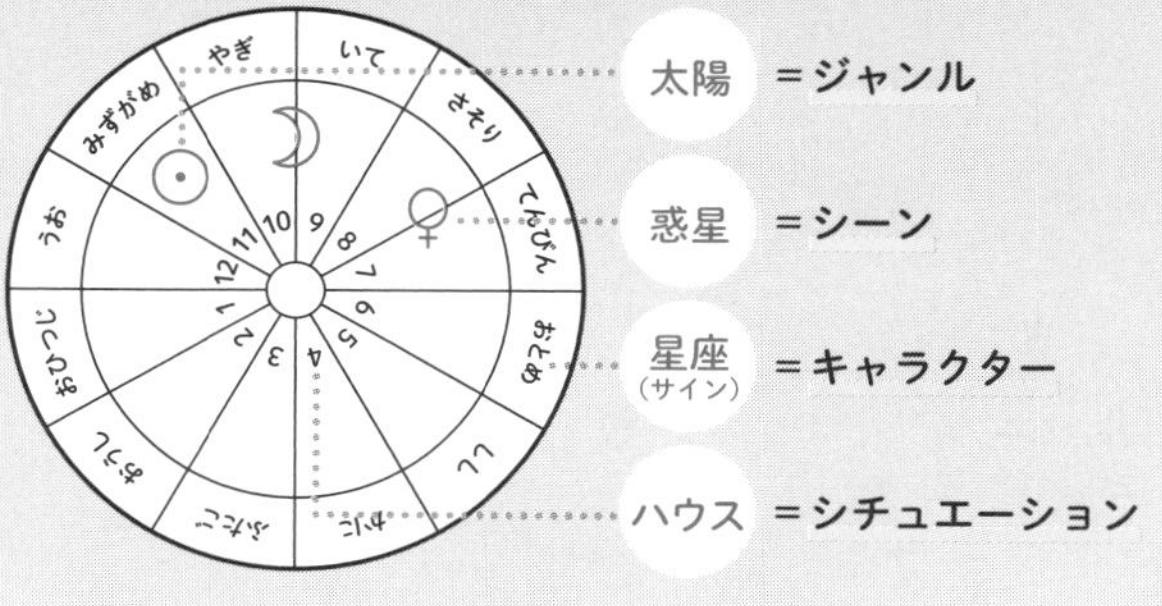

太陽星座が示すシナリオの「ジャンル」

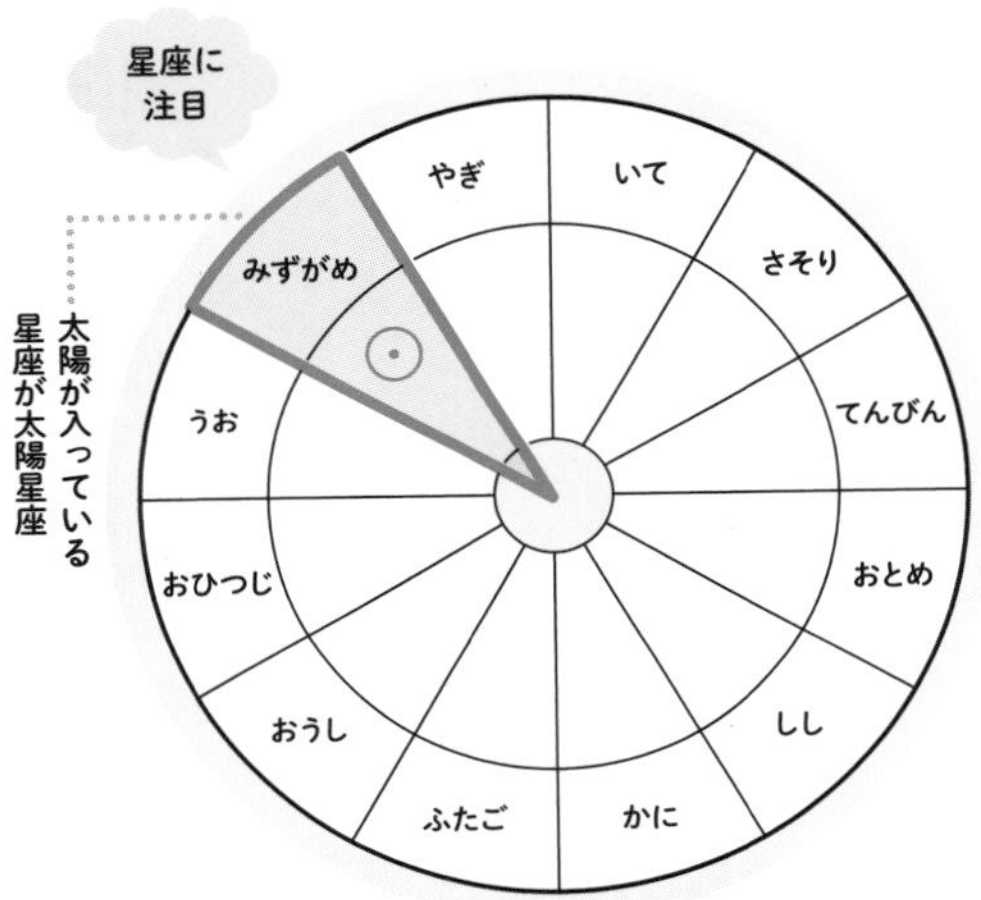

太陽は最も大切な星だと書きましたが、それは太陽が他の惑星と異なり、性格や能力だけを表すものではないからです。太陽は、人生の目標や切り開き方を表します。「彼ってどんな人？」と尋ねられたときに、一言で説明する感じ。映画でいえば**ジャンル**のようなものです。そのジャンルとなるのが「太陽星座」。太陽星座があなたの人生という映画を表すとしたら……それぞれのジャンルが持つテーマを挙げてみました。

Check!

あなたの人生のテーマは？

おひつじ座	周りとぶつかってでも衝動を貫く
おうし座	粘り強さで豊かさを手に入れる
ふたご座	自由気ままにコミュニケーション
かに座	心を許した相手と共存する
しし座	自分にしか見えないキラキラを手にする
おとめ座	合理的に自分を現実に対応させる
てんびん座	他者の目から見た自分を意識する
さそり座	深く信じたものと一体化する
いて座	好奇心旺盛に知らない世界に飛び出す
やぎ座	野心的に社会で頭角を現す
みずがめ座	既成概念に囚われずに独自ルールで生きる
うお座	共感性豊かに対象に寄り添う

太陽の居場所は、ずばりあなたが輝く場所

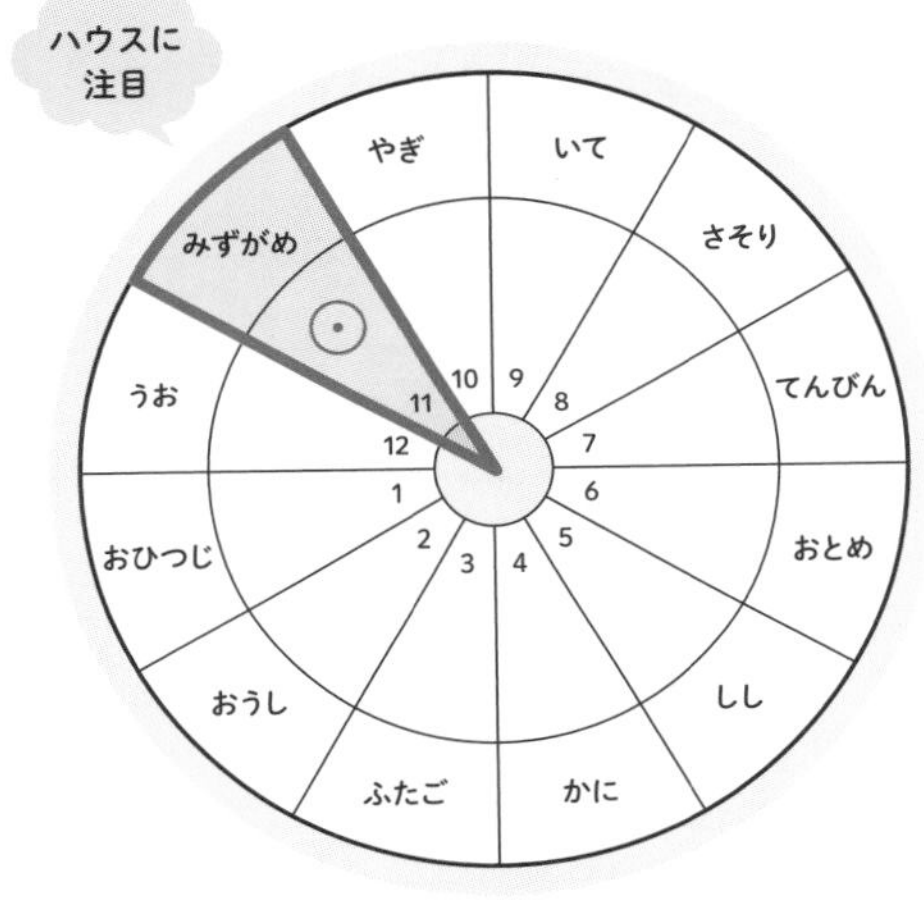

太陽があるハウスは、あなたの人生が**最も輝く場所**です。「仕事に生きる」「趣味に生きる」といった「○○に生きる」の○○の部分。映画の物語が繰り広げられる舞台の背景としてしっくりくる場所です。太陽のハウスに他の惑星も存在していたら、その場所でより長い時間、濃密な活躍を見せるでしょう。人生が少し生きにくいと感じている方は、太陽のハウスを生きることができているか、再確認してみると良いかもしれません。

Check!

あなたが輝くシチュエーションは？

1ハウス	自分のキャラクターの中で
2ハウス	仕事の中で
3ハウス	コミュニケーションにおいて
4ハウス	家やルーツの中で
5ハウス	創造の中で
6ハウス	義務の中で
7ハウス	他者との交流を通じて
8ハウス	他者との深い関わりの中で
9ハウス	ここではないどこかで
10ハウス	社会的達成において
11ハウス	趣味などのつながりの中で
12ハウス	匿名性・インターネットの中で

星座の多さでカテゴリーをざっくり分類する

次に、**エレメント**（属性）を見ます。12星座はそれぞれ違う性質を帯びているのですが、ざっくりと4つの属性（四元素）に分けられます。だったら最初から4星座でええやん！と思うかもしれませんが、映画のジャンルも、アクションとアドベンチャーは違うけど、「スカッとしたいときに観る映画」みたいにちょっと広げてカテゴライズすることがありますよね。12星座も、ざっくり分類すると火・土・風・水の4種類になるということです。自分がどの属性なのかは、太陽星座の属性を見ます。さらに、各惑星を星座の属性で分類してみて、個数が多い属性があれば、その属性の性質が突出していると見て良いでしょう。太陽星座の属性を見て「火なのに全然衝動的じゃないな」と思ったり、以前から「合理的に生きたいのについ感情に流されてしまう」などのちょっとした違和感を感じてたりしている方は、太陽星座の属性と、10惑星を分類してみて一番多い属性が別、ということがあり得ます。左のページでぜひ数えてみてください。

Check!

4つのエレメント

火属性

おひつじ座　しし座　いて座

情熱的　衝動

創造性を燃やす

土属性

おうし座　おとめ座　やぎ座

物質主義　現実的

安定感を固める

風属性

ふたご座　てんびん座　みずがめ座

客観性　多様性

知性的　自由

水属性

かに座　さそり座　うお座

情緒的　感受性

共感性にあふれる

あなたの10惑星を四元素に分類してみましょう

火		個
土		個
風		個
水		個

1～3個 … 普通
4個 … 多め
5～6個 … 強力・突出している
7個以上 … 特別な運命を持つ
0個 … 何かのきっかけで爆発する可能性がある

※惑星が持つ星座の属性を確認して、表に惑星の名前を書き込んでください。惑星の個数で、属性が表れる強さを見ます。

火属性はおひつじ座・しし座・いて座に当たります。この3つに共通する要素があるということです。特徴として「衝動性」と「創造性」があります。お金にならなくても、誰かとぶつかっても自分がやりたいことをやる高い精神性と、「やってやろう！」という行動力。メラメラと燃える火のイメージは、心を熱くさせる情熱や、芥川龍之介が電線に散る火花に例えたような、刹那のひらめきに結びつきます。

土属性はおうし座・おとめ座・やぎ座です。この属性の特徴は「現実性」と「物質性」。火属性とは打って変わって、お金やキャリアを重視し、現実的に考える安定志向がモットーの方が多い印象です。火のように掴みどころのないアイデアではなく、土のようにその手で触れられるもの、触れたら爪の間にまで入り込むような現実感を伴った行動様式を持ちます。映画のセットや小道具なら、街並みでも料理でも科学技術でも、チープな張りぼてではなく本物志向のクオリティを求めます。

風属性はふたご座・てんびん座・みずがめ座です。特徴は「知性」と「流動性」。知的な方、コミュニケーション能力が高い方が多い印象です。知識欲が高く、社交的で情報通。これは単純な学力の高さやコミュ力による友だちの多さが指標ではありません。

風のように何ものにも囚われない自由さと多様性を持った属性だということです。南から吹けば暖かく、北から吹けば冷たい。時代によって自らの熱量をも変えることができる属性だと思います。

水属性はかに座・さそり座・うお座です。この属性の特徴は「共感性」と「感受性」。思考よりも感情が先に立ち、相手に対して共感を求めます。「頭では分かっているけどとか「損をするのは明らかだけど」と言いつつ、持ち前の情の深さを発揮してしまうタイプが多いです。映画でいう感情を揺さぶってくる要素です。泣いたり怖がったりする、理由は説明できないけど、水のように心に沁み渡ってきて、それぞれ違う人たちだらけの観客がみんな同じ気持ちで浸される共感力です。

あなたの太陽は何のサインで、どの属性でしたか？　10惑星の属性のバランスはどうだったでしょう。自分の属性を知っておくだけでも、だいぶ人生が生きやすくなると思います。人生の目標や、大事な人との相性を見る上でかなり参考になるからです。難しい映画は観る前に多少あらすじを知っておいたほうが、理解が深まります。属性はホロスコープを掘り下げる前の、軽い「ネタバレ」なのかな、と思います。

ホロスコープの偏りは「見どころ」

さて、最後に見るべき点はハウスの偏りです。これはエレメントよりも視覚的に、一瞬で判断できます。要はどこに惑星が固まっているかです。惑星の意味はひとつひとつ異なりますが、まずはどのハウスに何個の惑星が入っているかを見てみましょう。3個以上惑星が集中しているハウスは、あなたの物語のハイライトになります。5個以上入っている場合は、かなり特別なシナリオを手渡されたといっても良いでしょう。

もちろん、まんべんなく惑星が散らばっていて、あまり偏りがないホロスコープもあります。ひとつのハウスに、多くても2個しか惑星が入っていないような場合、さらに広い範囲で偏りを見てみてください。左の図はかなりざっくりとした分類ですが、上下左右のどこに星が多いかという点だけでも、物語の傾向を掴むことができます。例えば、上側はパブリックな場所です。ここで惑星が輝いていれば、ビジネスものや社会派のストーリーでしょう。プライベートを重視する下側なら、家族や個人の趣味、内面の部分でストーリーが展開しそうです。こうした傾向を知っておけば、人生の節目で羅針盤の役割を果たしてくれます。映画でも、テイストが明るいとだけ知っておけば、「今日は元気が出ないからこれを観よう」みたいな選び方ができますよね。惑星やサインの意味を細かく読む前でも、ここまでホロスコープを読むことができます。みなさんも

①太陽のサインとハウス
②太陽の属性と、10惑星の属性のバランス
③ハウスの偏り

を出してみてください。自分の物語はどんなジャンルなのか、どんなあらすじなのか、だんだんと読めてきたのでは？

上半分

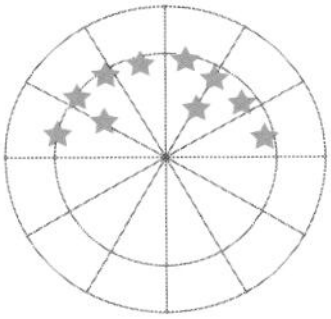

世の中に出るために

下半分

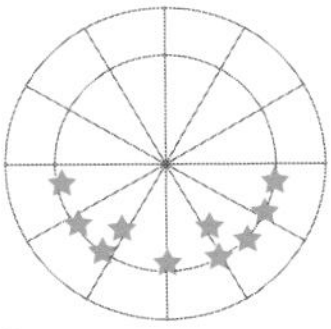

プライベートのために

右半分

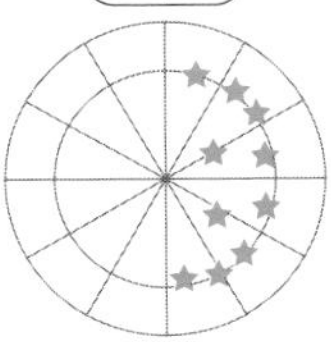

他者と協力して

左半分

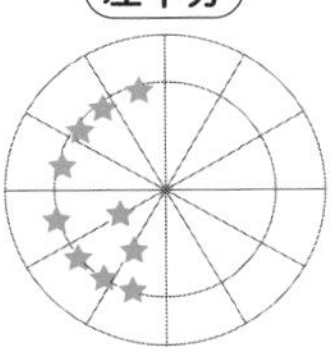

自分自身の力で

Check!

あらすじを書き出してみよう

ここまでの内容を使って、あなたのシナリオのあらすじを組み立ててみましょう。読んできた順番とは異なりますが、以下の表で当てはまる部分を読んでみてほしいと思います。

あなたのシナリオは……

❶ 太陽のエレメント

火	創造性を燃やす
土	安定感を固める
風	知性的で自由な
水	共感性にあふれる

あなたが、

❷ ホロスコープの偏り

上半分	世の中に出るために
下半分	プライベートのために
左半分	自分自身の力で
右半分	他者と協力して

❸ 太陽星座のハウス

1	自分のキャラクター
2	仕事
3	コミュニケーション
4	家やルーツ
5	創造
6	義務
7	他者との交流
8	他者との深い関わり
9	ここではないどこか
10	社会的達成
11	趣味などのつながり
12	匿名性・インターネット

の中で

❹ 太陽星座のサイン

おひつじ座	周りとぶつかってでも衝動を貫く
おうし座	粘り強さで豊かさを手に入れる
ふたご座	自由気ままにコミュニケーションする
かに座	心を許した相手と共存する
しし座	自分にしか見えないキラキラを手にする
おとめ座	合理的に自分を現実に対応させる
てんびん座	他者の目から見た自分を意識する
さそり座	深く信じたものと一体化する
いて座	好奇心旺盛に知らない世界に飛び出す
やぎ座	野心的に社会で頭角を現す
みずがめ座	既成概念に囚われず独自ルールで生きる
うお座	共感性豊かに対象に寄り添う

物語です。

このあらすじが、あなたの映画の主題となっていきます。
それでは、ここから具体的なシーンを挟んでいきましょう。

第2章

惑星

惑星―あなたの物語を作るシーン―

どんな人でもホロスコープには10個の惑星が存在しており、場面場面で異なる輝き方をしながら、あなたの人生を進めています。

ぼくが出生ホロスコープで重視しているのは、天王星より前の太陽・月・水星・金星・火星・木星・土星です。これらの惑星を、あなたの物語に挿入されている**シーン**だと捉えて読んでいきます。それぞれのシーンを演じる俳優たちが、どんな星座（キャラクター）を持ち、どのハウス（シチュエーション）で演技をしているか、ということを物語として組み立てていくために、惑星のイメージを掴んでみてください。

自分には無縁なシーンがあると感じることもあるかもしれませんが、どれもあなたの映画を構成する大切な要素です。人生という映画の監督は、あなた自身。ぼくとこの本を助監督のように扱って、どうすれば自分のシーンを無理なく輝かせることができるか、一緒に見つけていきましょう。

土星より遠い惑星について

土星より遠い天王星、海王星、冥王星は**トランスサタニアン**といって、少し扱いが変わります。天王星以降は肉眼では確認できないため、天文学が科学的に発展する近代までは、占星術は土星までの7つの惑星で作られていました。ここに占星術の「古典」と「モダン」を分ける境目があります。トランスサタニアンは非常に遠くにあるので、ゆっくりと動きます。ひとつのサインに何年も滞在するので、同世代はほぼ同じサインということになります。例えば、ぼくは芸人をよく占いますが、まだ海王星はいて座かやぎ座のどちらかの方としかお会いしたことがありません。そのため、トランスサタニアンは「世代天体」と呼ばれることもあります。映画でも「ヌーベル・ヴァーグ」とか「アメリカン・ニューシネマ」などの世代がありますよね。撮影技法のほか、当時の社会背景も密接に関係した「世代」です。トランスサタニアンについては、実感を伴う人と伴わない人で大きく差があるので、補足的に読んでいこうと思います。

太陽

惑星は物語に挿入されている「シーン」だと書きましたが、太陽だけは切り取られた場面を表す星ではありません。もっと壮大な全体像を表していて、一言でいうと「人生の生き方」です。こういう自分であろうとする推進力のようなもの。12星座占いで「し
し座は夢追い人」とか「うお座はロマンチスト」というのは、そういう自分を生きようと行動している、ということです。あなたという監督が、人生という物語をどうやって進めていくか、その方向性を表すのが太陽です。占星術研究家いけだ笑みさんの本に「人生の集大成となる葬式の席などで、『こんな人だったね』といわれるような、その人らしさ」（『続　基本の「き」目からウロコの西洋占星術入門』／説話社）と書かれていたのが分かりやすく、ぼくはそれで納得していました。周囲の人に、外見ではなく性格が与える印象という点で、太陽は映画でいう**ジャンル**です。

どんな物語にも「ジャンル」はあります。レンタルショップの棚は「アクション」や

太陽＝生き方。あなたの「ジャンル」

「コメディ」などのジャンルで区切られているし、サブスクリプションの動画サービスで映画を選ぶときも、ジャンルはつきものです。

ぼくはしし座なのですが、ホロスコープを見るとしし座の惑星は太陽だけで、実はいて座やおとめ座のほうに多くの惑星が入っています。それでも、占いを学び始める前からずっと自分のことをしし座っぽいと思っていたし、しし座として見られがちです。それは、太陽がその人のメインテーマを担っているからです。

映画『ジョーズ』では、サメが登場するシーンは実はとても短いのですが、やはり巨大ザメの印象が非常に強いですよね。それはシーンの長さにかかわらず、「サメ」というメインテーマが輝いていたからです。

太陽星座以外にもたくさんの星座を持っていると分かると、「じゃあ今まで自分の星座だと思っていたものは何だったんだろう」と思うようになるし、「月や水星と何が違うの？」と具体的な疑問を抱える人もいれば、「人生の生き方といわれても特にないし」という方ももちろんいます。ここはひとまず「○○座というジャンル」だと思ってみると動きやすくなるし、自分の物語を作りやすくなります。

そもそも「自分はしし座なのに全然しし座っぽくないんですけど……」という悩みを持つ人はいません。占い通りに生きる必要なんて、これっぽっちもないですから。でも、「どうしても自分の人生に生きづらさを感じる」とか、「自分はここ以外でも輝けるのでは」という悩みを持つ方が、自分がどんな性質で、どんな場所なら輝けるのかを知るには、ホロスコープはとても有益です。それらを読むためにも、まずは太陽というジャンルを知ることが近道です。

「堅実な道を選んだけど、ずっと夢だったことが忘れられなかった」という方は、オ能や運がなかったわけではなく、ジャンルが異なる物語を生きてきたのかもしれません。「周りがキラキラしていて、自分も何かやらなければ」と思っている方の太陽星座がキラキラのキャラクターでなければ、違う棚に行って輝けますよ、といえます。
まずは自分の物語そのもののジャンル、どう生きれば納得がいく結末を迎えられるかを、ホロスコープというシナリオの軸に置いてみましょう。

Check!

あなたのジャンルと同じ映画は？

＼実際の映画に例えると……／

おひつじ座 周りとぶつかってでも衝動を貫く	『アイアンマン』	P091
おうし座 粘り強さで豊かさを手に入れる	『華麗なるギャッツビー』	P095
ふたご座 自由気ままにコミュニケーション	『アラジン』	P099
かに座 心を許した相手と共存する	『きみに読む物語』	P103
しし座 自分にしか見えないキラキラを手にする	『スタンド・バイ・ミー』	P107
おとめ座 合理的に自分を現実に対応させる	『おくりびと』	P111
てんびん座 他者の目から見た自分を意識する	『マイ・インターン』	P115
さそり座 深く信じたものと一体化する	『ベイマックス』	P119
いて座 好奇心旺盛に知らない世界に飛び出す	『塔の上のラプンツェル』	P123
やぎ座 野心的に社会で頭角を現す	『ドリーム』	P127
みずがめ座 既成概念に囚われずに独自ルールで生きる	『ブラックパンサー』	P131
うお座 共感性豊かに対象に寄り添う	『エターナル・サンシャイン』	P135

太陽 月 水星 金星 火星 木星 土星 天王星 海王星 冥王星

月

太陽が外から見た自分であるなら、月は内向きの自分です。プライベートの自分といっても良いでしょう。心、メンタル、自分の力ではコントロールできない部分です。たまに「本当の自分」と解釈される場合もありますが、ぼくはそれに疑問を感じます。ひとりの時間だけが本当の自分だとは思えないのです。初対面の人と話しているときに口を突いて出た言葉に自分の真実を見ることもあるし、恋人や友だちと一緒にいて、その人に「あなたって本当に○○だよね」と言われてはじめて気づく自分も本当の自分です。月はすごく大切な星ですが、それを「本当の自分」と捉えなくてもいいと思います。映画でいうなら月は主人公が**ひとりでいるシーン**です。モノローグやナレーションなど心の声も月でしょう。

占いをしていて、「本当の自分が分からない」というお悩みは本当によくあるのですが、そういう方は太陽星座と月星座の属性（エレメント↓22ページ）が適合しにくい組

み合わせであることが多いです。「職場では明るいのに家ではめそめそしてしまう」という太陽＝火属性・月＝水属性の方や、「みんなの前では自分の意見をあまり出さないけど、パートナーには異様に頑固になってしまう」という太陽＝風属性・月＝土属性の方など、枚挙にいとまがありません。

でも、このことに悩む必要はまったくないとぼくは考えます。「外と家とで違う自分なのは当たり前」であるだけでなく、太陽と月のギャップにこそ、その人の物語の源泉があるからです。

面白い物語の主人公は、みんなの前と

ひとりのときとでキャラクターが違うことがよくあります。でも、それはキャラクター、さらには作者が首尾一貫していないことにはならず、むしろそのギャップにこそ我々は惹きつけられるのではないでしょうか。

バスケットボール漫画『スラムダンク』の主人公・桜木花道がその良い例です。彼は試合中やチームメイトとの練習中は自らを「天才」と称し、傲岸不遜に振る舞います。しかし、自分の欠点を補うために、試合前にひとりで練習をした結果寝坊してしまったり、顧問の先生が倒れたときに不良らしからぬ迅速な処置をしたりするなど、彼の「ひとり」の時間はパブリックのキャラクターとはかけ離れています。太陽の面と月の面と、どちらが本当の彼かなんて分かりません。ですが、このギャップこそが、桜木花道という人物を、ただのバスケットボールとケンカの才能に恵まれたスーパーマンに留めず、葛藤を持つ等身大の人間として描くことに成功させました。ちなみに彼の誕生日は4月1日で太陽星座はおひつじ座なのですが、すごくそれっぽい。生まれ年が分からないので月星座が出せませんが、衝動性が強い火属性ではないでしょう。

同じ少年漫画でも、『ワンピース』の主人公ルフィはこれとは全然違います。この作品は連載20年を超える大作ですが、作中で彼の心の声は描かれません。これは、ルフィが読者にとって常にストレートなキャラクターとして映るように選んだ表現方法だと、作者によって語られています。考えるくらいなら口に出す、または行動に移すことがルフィの性質であることが作者によっても示されているのです。この場合、ルフィのホロスコープの太陽と月は同じ属性、もしくは同じサインである可能性が高いように思います（ルフィの誕生日は5月5日でおうし座）。

ルフィのように太陽星座と月星座が同じ属性の人は、「裏表がない」「素直」など、ギャップとは異なる別の魅力があります。ぼくが今まで占ってきた中で、太陽と月が同じサインの人はＳＮＳをやっていないという「あるある」があります。アカウントを持っていても見るだけで発信はしないとか。「考えるぐらいなら口に出す」という行動様式は、現実世界でも十分に発言や行動ができているから、匿名で語ることも特にないということなのでしょうか。

「人生は映画のようなもの」といいながら、いきなり漫画の話で盛り上がってしまいました（どちらも劇場版あるからセーフ！　ということで……）。

月の役割は本当に無意識で、「昔からなぜかそう」とか「なんとなく」みたいな部分を担っています。よくいう「生理的に無理」という生理もこの部分です。映画『エイリアン』シリーズでデザインを担当したH・R・ギーガーは、女性が本能的に嫌う生き物を調べて、それをミックスさせてエイリアンの形状を生み出したといいますが、これはまさに月の部分を刺激するための戦略といえるでしょう。

本能の部分をリラックスさせる要素も月の中にあります。部屋のテイストひとつ取ってもそうです。ぼくの月星座は「情報」や「流行」を表すふたご座ですが、部屋はごちゃごちゃしているし、その時々にハマったフィギュアや雑貨を置いて、それでリラックスできます。サブカルチャー書店ヴィレッジヴァンガードのような部屋です。「シンプル・イズ・ベスト」のおとめ座の月の友人が泊まりにきたとき、「この部屋では寝られない」と帰ってしまったことがありました。

こういった悲劇を招かないように、パートナーの月星座は属性だけでも重視する必要があります。特に結婚は、太陽と同じくらい月の相性も重要です。結婚という共同生活を営む上で、「なんとなく」という部分は極めて大切だからです。リラックスできないインテリアだらけの人と一生暮らすのは厳しいですもんね。プライベートでくつろげる人かどうかは、月を見るほうが良いでしょう。

映画界の名コンビである俳優ロバート・デ・ニーロ（しし座）と監督マーティン・スコセッシ（さそり座）は、あれだけのヒット作を長期にわたって生み出し続けているのに、火と水という適合の難しい相性でした。おかしいなと思って出生時間まで出したホロスコープで見たところ、ふたりは月がうお座同士で重なっていました。多くの場合、公的な部分は太陽で見るのですが、同じイタリア系というルーツを持つ者同士、無意識な部分での強固なつながりが、数々の名作を生み出したといえるでしょう。

月はホロスコープ上を1日に12〜15度動きます。そのため、正確な出生時間が分からないときは、月の位置の誤差を少なくするために24時間の真ん中、正午として出すのが一般的です。そう設定しても、例えば月がふたご座が始まったばかりの1度で出てきた場合は、ふたご座である確率とおうし座である確率がほぼ半々になります（午前中に生まれていたら、そのぶん月の位置がずれてひとつ前のサインに入るため）。

自分の出生時間は把握できていても、パートナーの生まれた時間まで知っている方は少ないと思います。そんなときは、その方の普段の行動の傾向や、リラックスしていそうな場所、ひとりの時間に垣間見えた表情などから逆算して、月星座を「推測」してみるのをおすすめします。これはなかなかに楽しい天体観測です。後日、パートナーから生まれた時間を聞いて、再びホロスコープを出してみると、かなりの高確率で合っていると思いますよ。

これはあくまでぼく調べなのですが、鑑定に来てくださった方のうち、パートナーの月星座をスムーズに推測できた方は、その後もパートナーとうまくいく確率が高いように思います。恋人のプライベートな面をすらすら答えられる方は、それだけその人を丁寧に見つめているからなのかもしれませんね。

Check!

月が表すあなたのテイスト

月星座はあなたの内面を表します。それは自然に醸し出される雰囲気やテイスト、
またはあなたが無意識でリラックスできる場所などを表します。
自然にしているとにじみ出る、あなたの雰囲気と落ち着く映画は？

月星座	雰囲気	落ち着く映画
おひつじ座	スピーディーでギラギラしている。アクション映画みたいな雰囲気。	『ワイルド・スピード』
おうし座	のんびりと優雅だけどちょっとじれったい。長編映画のような雰囲気。	『サウンド・オブ・ミュージック』
ふたご座	おしゃべり好きで興味があちこちに飛ぶ。会話劇のような雰囲気。	『パルプ・フィクション』
かに座	寂しがり屋でノスタルジーに浸る。子供時代の友情物語のような雰囲気。	『キッズ・リターン』
しし座	明るく遊び心にあふれて、パッと目を引く。アニメ映画のような雰囲気。	『トイ・ストーリー』
おとめ座	淡白で無駄がない。社会派ドラマのような雰囲気。	『スポットライト 世紀のスクープ』
てんびん座	どんな相手にも嫌な印象を与えない。ファミリー向け映画のような雰囲気。	『ベートーベン』
さそり座	静かな佇まいの奥に何かあると深みを感じさせる。サスペンス映画のような雰囲気。	『セブン』
いて座	一緒に遊びたくなる情熱を与えてくれる。冒険映画のような雰囲気。	『グーニーズ』
やぎ座	簡素で淡々としているけどどこか品がある。白黒の時代劇のような雰囲気。	『雨月物語』
みずがめ座	どことなく現実離れしてさっぱりしている。人間味を感じないSF映画のような雰囲気。	『2001年宇宙の旅』
うお座	掴みどころがないけど感性に訴えかける。アート映画のような雰囲気。	『ウェイキング・ライフ』

水星

水星はその人のコミュニケーション能力を表します。これは初対面の人との会話が得意だ、という意味で使われる「コミュ力」だけでなく、情報処理能力や学習力、思考方法といった、コミュニケーション全般の傾向です。愛されるためのコミュ力は金星、自分の立場を良くするための発言力などは火星が絡んできます。水星は、金星や火星がそうした発信をするときに助けてくれる星です。映画のシーンでいうなら**会話のシーン**で、水星星座は会話のシーンで発揮されるキャラクターということになります。

多くの場合、物語を進めていくのは会話であり、セリフです。それらを通じて観客に物語という情報を伝達するし、作品の中の「知」の部分を発揮していくわけです。

物語を邪魔しない安定した語り口なら土属性、感動させたり怖がらせたりする口調なら水属性、知的で情報量満載なら風属性、セリフそのものが歌であるミュージカルなら火属性、というように、物語を表現するための演出手段が水星です。あくまであなたの

人生の進め方、考え方の種類だと思ってください。自分の気持ちを伝えるときにどんなしゃべり方をするのか、仕事を達成するためいかに情報を処理するか、などのタイプを表します。

　水星は天体の運行上、太陽と同じかひとつ前、またはひとつ後ろのサインにしか入りません。太陽がしし座の人の水星は、必ずしし座・かに座・おとめ座のどれかです。言い換えるなら、太陽が火属性の人の水星は必ず火か水か土です。火属性の人の水星が風属性ということはあり得ません。常に太陽の近くにいて、生き方を支える存在なのです。

逆に、会話のシーンと物語そのものの属性が違うことなんてあるの？　と思う方もおられるでしょうが、結構あります。

例えば『セブン』という映画は物語全体がおどろおどろしいサスペンスホラーですが、会話はすごく知的で、血まみれの死体の後にシェイクスピアやミルトンが引用される。例えるなら、太陽（物語）がさそり座（ミステリアス）で、水星（会話）がひとつ後のいて座（知的探求心）みたいなことで、このズレが作品の魅力ともいえます。ぼくは太陽がしし座で水星がおとめ座なので、こうして大好きな占いや映画で本を書いて自分なりにキラキラしているけど、今も「本当に『セブン』にシェイクスピアの引用出てきたっけな？」と正確さを重視するおとめ座の水星を使って、サブスクリプションの動画サービスで『セブン』をチェックしながら書いています。

太陽星座と水星星座の属性のズレは、相性と違って合う合わないで考えず、引き出しの多さと捉えて良いでしょう。属性が同じ場合は、生き方とその伝え方がストレートだということです。

水星星座は太陽と同じかひとつ前、またはひとつ後ろのサインにしか入らない。この事実もすごく面白いですね。生き方そのものと外部とのコミュニケーションが同じでももちろん良いですが、別物と捉えたらまた可能性が広がるのではないかと思います。し座のキラキラを達成するためにそのままキラキラの思考法でいくか、かに座的なアットホームなつながりからアイデアをもらうか、おとめ座的な緻密かつ無駄のない分析を使うか。行き詰まっている方はぜひ水星から考え方のヒントをもらってみてください。

恋愛の傾向や仕事の向き不向きと比べて、話し方や情報処理の仕方っていまいちピンとこないと思います。そもそも話し方に12種類もバリエーションあるのかとか、それこそ映画やアニメみたいにキャラ立ちした話し方の人なんて現実にいるのか、とか。

映画のキャラクターが過剰なまでに話し方を描き分けられている理由のひとつに、「限られた時間で登場人物の目的を明らかにする」ことが挙げられます。多くの場合、思考回路や情報収集の手段まで描く時間がないから、話し方に託している。そして多くの場合、話し方は考え方や情報処理能力と合致しています。

映画『もののけ姫』の主人公・サンは女性ですが、火属性の特徴ともいえる激しい口調で話します。これは彼女の人生の目的を分かりやすく表現することに効果をもたらしているでしょう。彼女の生年月日は分かりませんが、語り口からは火属性が強く感じられます。目的（太陽）が「戦い」であれば、太陽＝火属性・水星＝火属性なのだろうと推測しています。戦いという激しい目的を、同じく激しい口調で描いています。目的が自然を荒らす人間への「憎しみ」であれば、きっと太陽＝水属性・水星＝火属性でしょう。憎悪という感情的でウェットな目的を、相反する火属性の口調で描くことで、彼女自身の矛盾まで描いているように見えるのです。

どちらとも取れる考え方でちょっとずるいのですが、要は水星が司るコミュニケーション能力はあくまで太陽というキャラクターありき。あなたの水星が火属性ならサンみたいな口調でしゃべると良いですよ、ということではなく（接客業だとクビになる恐れあり）、火属性のコミュニケーションを要所要所で取り入れると、あなたの太陽はよりクリアに輝きますよ、ということくらいに思ってください。

Check!

水星で分かる仕事の進め方

水星星座から、仕事の仕方を見てみましょう。
あなたが助監督だったらどんな作業をするでしょうか。

おひつじ座	アクション畑の助監督	常に動き回っていて、やってみて違和感があったら変えようという瞬時の判断ができる。
おうし座	技術畑の助監督	職人肌で、一度仕事の方向性を決めると曲げることがない。自分が経験していないものは取り入れない。
ふたご座	テレビ畑の助監督	数年後は古びていそうな流行も柔軟に取り入れるのでミーハーと思われることも。そのぶん引き出しが多い。
かに座	人たらし系助監督	仕事の進め方は平凡だが、職場の雰囲気や一体感を作るのがうまく、チーム作りに長けている。
しし座	ゲーム畑の助監督	単純作業にもエンターテイメント性を取り入れ、楽しくなければ意味がないという精神。
おとめ座	キャリア数十年の助監督	緻密な計算と細部まで正確さを求める完璧主義。データ分析も得意。
てんびん座	他業種をいろいろ経験した助監督	職場のそれぞれの人に合った方法を尊重できる。現場の意見を聞けるので空気が悪くならない。
さそり座	ちょっと怖がられている助監督	観察眼が鋭く、相手に合っているものが見抜ける。目標達成のためならどんなリスクもいとわない。
いて座	外国帰りの助監督	フランクでざっくりとした仕事の進め方で、きめ細やかさはないが、モチベーションは上げてくれる。
やぎ座	監督を目指す助監督	無駄を省き、コスパ重視。ひとつの仕事をステップにさらに次の仕事を得ることを狙う。
みずがめ座	新進気鋭の助監督	独創的で常識破り。今までの風習を捨てることを何とも思わない。
うお座	アート畑の助監督	理論立てて仕事をするのは苦手だが、直感とインスピレーションに優れている。

金星

金星は恋愛の星として語られることが多いです。映画で例えるなら**恋愛のシーン**として読むのがベタなのですが、ここで問題が。ひとりの時間がない人や、会話がない人はあまりいませんが、恋愛がない人は結構いるのでは？『マッド・マックス』のように恋愛シーンがない映画も結構ありますよね。そんな人の中には金星はないのでしょうか。金星は英語でＶｅｎｕｓです。アニメ『セーラームーン』を観ていた方ならご存じでしょうか。愛と美の女神、ビーナス。それがぼくの中にも輝いていると思うと「ああ、生きていていいんだな」と思えます。

恋愛って形容詞で表すとｓｗｅｅｔだなと思っています。甘いもの、お菓子、スイーツ……金星は「必須じゃないけど人生を楽しむためには不可欠なもの」として見てあげてください。恋愛以外でも、その人が甘味を感じることなら、芸術でも美食でも、それがその人の金星です。「俺は甘いものは好かねえぜ」という方も、違う形できっと好物

金星＝「恋愛のシーン」とも言えるし…
ポテトん
生活に欠かせない甘美なもの…とも言える

を摂取しているのではないでしょうか。

入っているサインによっては、どうしても世間一般でいう「普通の恋愛」ができないとか、惑星と惑星の織り成す角度（アスペクト↓190ページ）によって金星がときめきにくくなっている、という人もいます。それでも、生活に欠かせない芸術や好物があるように、どこかであなたの金星は輝いています。

とはいえ、占いのご相談で多数を占めるのが恋愛であることは事実。ここでは恋愛を中心にお話ししていきましょう。

金星はその人の愛の傾向、つまりどんな恋愛をするかを表します。

太陽星座と月星座が別の属性である場合は、外面と内面のギャップを表しますが、太陽星座と金星星座の属性のズレは、人生と恋愛のギャップを表します。多くの場合、人生観と恋愛観が矛盾しているということです。古今東西、あらゆるジャンルで恋愛が語られてきた理由もうなずけますね。太陽星座は土属性なのに、金星星座が火属性だと、人生は堅実なのに恋愛だけは後先考えず、「え、あんなに仕事ができる女性が売れない芸人と付き合っているの？」ということになってしまいます。このギャップで悩んでしまう方は非常に多いと思います。「真面目な人生を生きたいのに、どうしても恋愛だけリスキーになってしまうんです」というご相談は後を絶ちません。これは太陽星座と金星星座が別の属性であることが非常に多くあるからです。

でも、これは太陽の中に無理やり金星を押し込もうとするから生まれる葛藤で、別にどちちも使い分ければいいですよ、という話です。「人生と恋愛が矛盾している」ことが、あなたの人生なんですよ、ということ。

映画『スター・ウォーズ』はシリーズを通してワクワクするＳＦアドベンチャーですが、主人公の父アナキンと母アミダラの恋愛シーンでは愛情や嫉妬、憎悪などの感情がこれでもかと描かれ、切ない気持ちを掻き立てられます。『マトリックス』はスタイリッシュで難解なSF映画ですが、主人公ネオは世界滅亡か恋人を失うかで迷うほど、ストレートな恋をします。映画全体のジャンルと恋愛シーンの属性のズレは、作品に彩りを加えます。あなたの人生の中でどうしても恋愛パートが浮いてしまうことは、あなたの重要な個性なのです。

自分の太陽星座と金星星座の属性やキャラクターを押さえておけば、「今は金星を使おう」とか「今は太陽に従おう」という器用な方法も取れます。以前、金星が水属性でとても情緒的なのに、「今まで心から人を好きになったことがない」とおっしゃる方を鑑定しました。太陽星座が火属性のしし座である通り、自分の夢を優先して、恋愛は添え物程度に生きてきたそうです。それがなぜか、今は好きな人のことが頭から離れず、自分の軸がぶれているように感じたそう。この方の場合、それまで自分の金星を本当に輝かせる男性に出会っていなかっただけで、真に好きな人を見つけてしまったら、かなり情緒的に愛してしまうタイプといえます。金星の性質が最も現れるのは15～25歳くらいですが、この方も20代前半でした。鑑定では「本来人を好きになったらやや重くなりがちだから、これからはあまり仕事と恋愛をスパッと切り替えられると思わないほうがいいですよ」とお伝えしました。好きになったらハマりやすいことを自覚しないと、夢の方に差し支えが出る。これを知っているのと知らないのとでは雲泥の差です。そんなはずはないと思っている人の恋愛が、その人の持ち味であることは多々あります。

金星はときめきを表すのに対して、月は居心地の良さを表します。これが金星＝恋愛、月＝結婚と表現した所以なのですが、よくいわれる「恋愛はドキドキ、結婚は安定」というのも一概にはいえないことが、月と金星の属性で分かります。仮に金星が土属性、月が火属性だったとすると「恋愛は安定志向、結婚生活はドキドキワクワク」ということになります。そんなことあり得るの？　と思うかもしれませんが、これが結構あるのです。どっしりとしていて将来が見える人にときめいたはいいけど、結婚してこれがずっと続くと思うと急にしんどくなる。むしろ何十年も続く結婚生活にこそ情熱と遊び心が必要だった、と感じる方はまさにこの金星＝土属性、月＝火属性です。その場合は月を自分ひとりの時間にあてて、パートナーとはずっと金星の部分で、恋愛の延長線として楽しんでみては？　とアドバイスしています。

Check!

金星が表すあなたのヒロイン像

金星星座は女性としての魅力、男性の場合は女性のタイプを表します。
12 星座の金星を映画のヒロインとその恋愛傾向で例えてみました。

おひつじ座	『もののけ姫』 サン	燃えるような感情をぶつけることでしか気持ちを伝えられない、不器用だが率直な愛情表現。戦いのような対等な恋愛を望む、野性味を帯びた魅力。
おうし座	『風と共に去りぬ』 スカーレット・オハラ	故郷の地を求める強い欲望や、夫への一途で頑なな想いのように、欲したものを手に入れたい濃密な愛情表現。
ふたご座	『スーサイド・スクワッド』 ハーレイ・クイン	多様な人々と交流するコミュニケーション能力と、精神科医としての高い知性の二面性を使い分ける、フレンドリーなかわいらしさ。
かに座	『湯を沸かすほどの熱い愛』 双葉	自分の余命が短いと知っても、自分より家族を想う母性的な愛。心を開いた相手に自分の最後を看取ってほしいという保護欲求。
しし座	『ヘアスプレー』 トレイシー	夢を叶えるために自分の舞台を見つけ、自己表現する。自らが輝くことで周囲を魅了し、天真爛漫に夢を追う姿が愛情をも引き寄せる。
おとめ座	『ハリー・ポッター』 ハーマイオニー	真面目で堅実に学ぶその姿は取っつきにくくもあるが、清楚な魅力を放つ。知識や分析力でパートナーの信頼を勝ち取れる。
てんびん座	『マリー・アントワネット』 マリー・アントワネット	他者の目を意識せざるを得ない状況でも、エレガントな魅力を放ち社交の場で華となる。自身を強く打ち出さない控えめなスタンスが大人の魅力になる。
さそり座	『マレフィセント』 マレフィセント	裏切られたことを忘れない執念深さは、それだけ愛情を持てることの裏返しでもある。守りたい、一緒にいたいと思えるものへの強い愛着。
いて座	『リトル・マーメイド』 アリエル	まだ見ぬ世界に憧れる旺盛な好奇心は、禁じられた恋をもためらわない。追われるよりも追いかけるほうが燃える冒険的な恋愛。
やぎ座	『ゲーム・オブ・スローンズ』 デナーリス・ターガリエン	大きな目標を掲げ、まい進する野心は、協力する者への愛情としても還元される。感情よりも目標達成のために注がれる愛。
みずがめ座	『(500) 日のサマー』 サマー	友愛的で、一般の価値観とは少し違う情を示す。真剣さや共感性がないスタンスは相手を戸惑わせるが、そこにエキセントリックな魅力がある。
うお座	『アメリ』 アメリ	現実に踏み出す勇気が持てないために夢見がちで空想的な愛情になってしまう。感受性豊かで何を考えているか分からないが、頼りなさが魅力となる。

火星

火星はその人の闘争心を表します。何かを追い求める心という点では太陽と似ている気もしますが、もっと衝動的で抑えられないもの、攻撃的だったり危険な匂いがしたりするものです。激しさ、残酷さ、怖さ、「この人は怒るとこんなふうになるんだ」という一面です。映画でいう**熱くなるシーン**です。

人生の目標である太陽と、闘争心を表す火星が同じサインや属性の人は、やはりエネルギッシュです。その人のジャンルに闘争心や熱が乗っているからです。アクション映画『ランボー』シリーズみたいですね。目的と戦いが同一で、そもそもタイトルが『怒りの○○』です。太陽と火星が同属性の物語は、全編を通して熱いものになります。

人生の目標と闘争心が別々にある人なんているの？　という疑問を抱く方もおられるでしょうが、これも結構います。ぼくもそのひとりです。ぼくの太陽はしし座で、ドラマチックに目立つことを人生の目標にしています。火属性で何かを作ったり表現したり

火星＝「熱くなるシーン」「なり方」

することが好きですが、火星はかに座に入っています。そのため、夢や表現の場ではなく、かに座の「アットホーム」な領域で闘争本能が発揮されます。ぼくはお笑いでいじられることが多いですが、怒ったことがありません。先輩や同期はもちろん、後輩にいじられても腹が立たない。これは我慢しているわけでも、いい人に思われようとしているわけでもなく、自分の夢を実行しているときには怒りを感じないからです。では温厚な人間かというとそうでもなく、自分が本当に親しい人には怒りの感情が出てしまいます。これは単にイライラのはけ口にしているサイテー男というわけではなく（ここ重要）、ぼくが最も熱を帯びてしまうのは家族のように親しい人だということです。親しい人がごく少ないのでなかなか実感する機会はありませんが、もし家庭を持ったら、家族を命がけで守る父親になれるのかもしれません。

その人らしさを表す部分と、その人が熱くなる部分が異なることはよくあります。黒澤明監督の『椿三十郎』という映画は、全体的にコメディ要素あふれる明るい時代劇ですが、主人公の椿三十郎と敵の侍が一騎打ちをするシーンは、残酷なまでに血が噴き出す衝撃の殺陣でした。この作品で最も熱を帯びているのは、全体のテイストとはちょっと違うこの殺陣シーンです。これは作り手が作品を通じて描きたいこと（太陽）と、作中の熱くなるシーン（火星）の性質が異なることを示してくれています。どんなに陽気でも、侍は斬り合いに命を懸けてしまう。そんな怖さを火星っぽいと感じます。

この殺陣シーンは、あまりにも端的に火星を示してくれています。火星は傷、血、戦争、刃物など、物騒なものの象徴でもあるからです。現代では血を介すような戦いは現実的ではないので、ぼくは火星を「熱」と訳すことにしています。

火星はハウスで見たほうが、より効果を実感しやすいと思います。例えば2ハウス（仕事→144ページ）に火星がある人、または2ハウスに火星が入った時期は、「仕事が熱を帯びる」ということです。「仕事に熱中する」＝「お金が稼げる」とも読めるし、「仕事で熱くなる」＝「職場でぶつかりやすい」とも読めます。2ハウスを「お金」と読むならお金が熱くなるということ。お金がたくさん手に入ることを「懐が温まる」といいますが、そういう状態になりやすいということです。ただ、「熱」は入るだけでなく出ていく意味でも読めるいうこと。お金を使い過ぎて「火の車」になる可能性もあります。

3ハウスはコミュニケーションを表します（→148ページ）。ここに火星がある人、もしくは火星が入った時期は、コミュニケーションが熱を帯びるということ。普段より「熱弁」してしまったり、友だちとの議論が「ヒートアップ」したり。これは良い悪いでは言い切れない部分です。3ハウスには近所や近隣という意味もありますから、近所に熱、と読めば近距離移動の事故に注意、とも取れます。水星や金星よりも読み方が難しい火星。その帯びている「熱」をどう訳すかは、読むあなた次第です。

Check!

火星が表すヒーロー像

火星星座はその人の男性らしさ、女性の場合は男性のタイプを表します。
星座ごとに例えた男性像から、あなたの理想とするヒーローを見つけてみてください。

おひつじ座	『理由なき反抗』 ジム・スターク	売られたケンカは買う負けん気の強さ、闘いでも引かない衝動性が、危険だが炎が一瞬だけきらめくような激しい魅力になる。
おうし座	『ロッキー』 ロッキー・バルボア	口数は少なく不器用だが、何度でも立ち上がる不屈の闘志と、ひとりの女性を愛し抜く一途なところがあり、その不器用さが魅力に転じる。
ふたご座	『ローマの休日』 ジョー・ブラッドレー	口がうまく、知識も豊富で話題が尽きない。ときに相手を引っ掛けるような軽薄さがあるが、それが親しみやすい魅力を生む。
かに座	『ゴッドファーザー』 ドン・コルレオーネ	ファミリーを束ねるボスとして仲間のために熱くなれる魅力。身内に対する優しさは人一倍強いが、仲間以外には冷酷だという二面性も。
しし座	『タイタニック』 ジャック	夢を信じてキラキラ輝いている。無邪気さと主人公感が若々しい魅力につながって、「この人なら」とついつい賭けてしまう。
おとめ座	『24』 ジャック・バウアー	次々と降りかかる激務も処理できる実務能力の高さが頼れる男性像に。責任感が強いために頑張り過ぎてしまい、余裕なく見えることも。
てんびん座	『007 シリーズ』 ジェームズ・ボンド	クールで知的、社交的で、相手や状況によって魅力を使い分けられる。善や悪という強い信念はなく、自分を押し出さない大人の男性像。
さそり座	『羊たちの沈黙』 ハンニバル・レクター	一見物静かだが、内に秘めた壮絶な自我が妖しい魅力となる。深い洞察力と支配力でいつの間にか心奪われる危険な恋に落ちることも。
いて座	『インディ・ジョーンズ』 インディアナ・ジョーンズ	知的だけど真面目過ぎないところが、一緒に未知の世界に飛び出したい刺激を感じさせる。フランクでユーモアあふれるおしゃべりも魅力。
やぎ座	『ウルフ・オブ・ウォールストリート』 ジョーダン・ベルフォート	ストイックに仕事に打ち込む姿が野心的でかっこよく映る。仕事優先で相手は寂しい思いをするが、将来性の高さが支えたい気持ちを掻き立てる。
みずがめ座	『ピーター・パン』 ピーター・パン	さわやかな魅力がある。独自の考え方は理解できないときも多々あるが、束縛しないしされない自由な愛を感じられる。
うお座	『新世紀エヴァンゲリオン』 碇シンジ	優柔不断で自信がない感じが母性本能をくすぐる。弱さを隠さない姿は自分も弱音を吐いていいんだという共感力を呼び、一緒にいたくなる。

Check!

火星が表す熱いシチュエーション

火星があるハウスはその人が熱くなるシチュエーションを表します。
あなたの物語で爆発したり血を流したりする場面はどこでしょう？

1ハウス	そもそものキャラクターが熱い。熱血漢。
2ハウス	金銭の出入りが激しい。火の車。
3ハウス	コミュニケーションがついつい熱を帯びる。熱弁。
4ハウス	家庭内でぶつかりやすい。暑苦しい。
5ハウス	自己表現のためならどんな犠牲も払う。炎上覚悟。
6ハウス	義務感が強過ぎて過剰に働く。オーバーヒートに注意。
7ハウス	パートナーに対等を求めてぶつかる。闘争心に火がつく。
8ハウス	すぐに深い関係になってしまう。熱い夜を過ごしてしまう。
9ハウス	思想・信条が強過ぎる。熱狂的。
10ハウス	目標達成に命を懸ける。デッドヒートを繰り広げる。
11ハウス	趣味が本気になり、趣味の域を超える。熱中し過ぎる。
12ハウス	表面上は熱さを隠す。青い炎を燃やす。

木星

木星は幸運の星といわれています。天気の良い日は都会の夜空にも見つけることができる、明るくて力強く輝く星で、なんとなくパワーをもらえそうです。

この惑星はあなたの「可能性」を表します。この先の人生を広げるためのラッキーポイントです。

映画でいうところの**見どころのシーン**です。

メインテーマと見どころが別、という映画も多くあります。例えば『プラダを着た悪魔』は女性が出版業界で成功を掴むサクセスストーリーですが、見どころはその美しいファッションにあると思います。アン・ハサウェイがさまざまな衣装に身を包むシーンだけを何度も見返した、という方もおられるのではないでしょうか。こんなふうに、全編を通してすごく面白かったけど、特に印象に残ったのはそのシーンだったり、友だちに勧めるときに「服がとてもオシャレだったよ！」と言ってみたりするポイント。

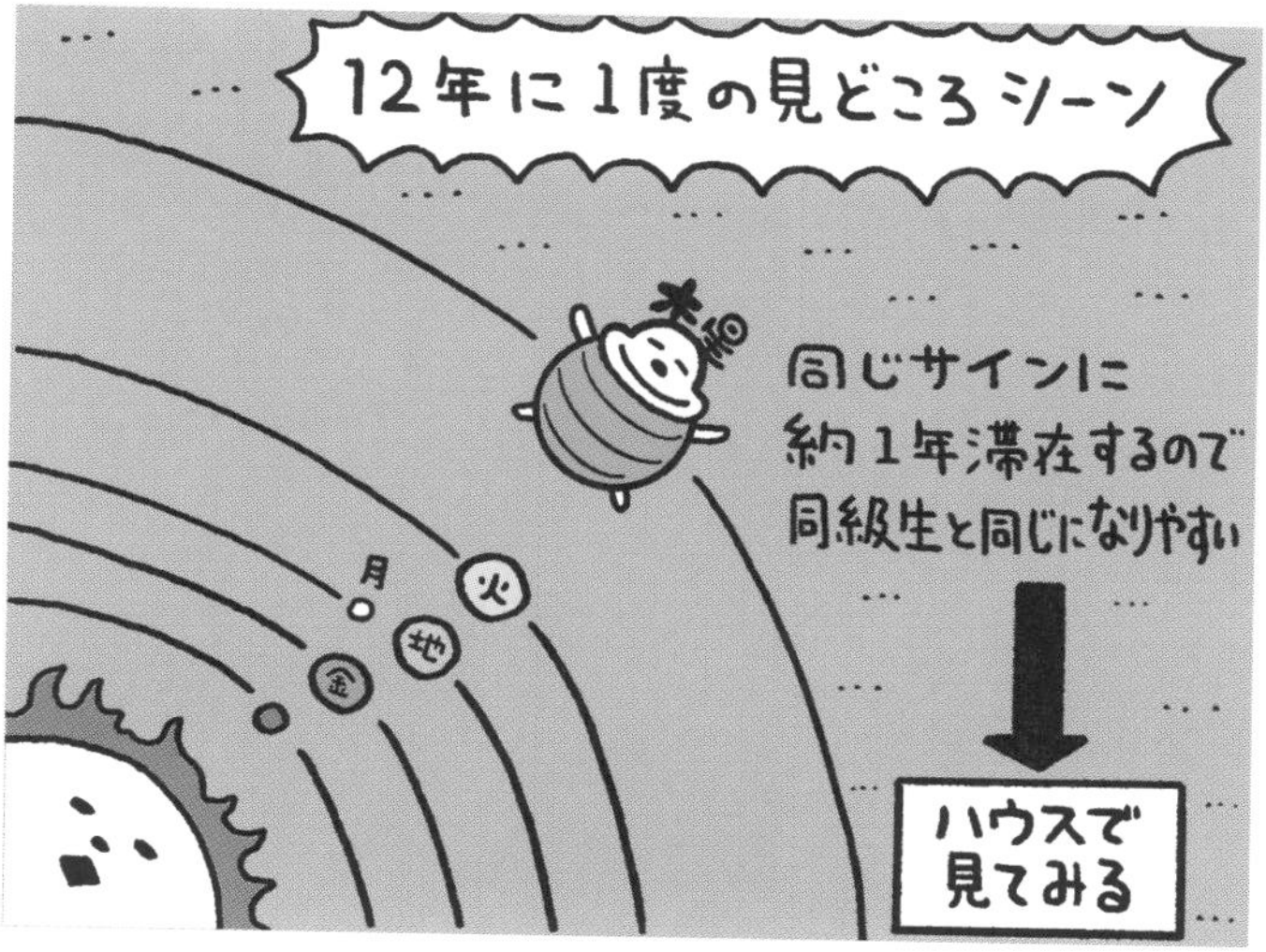

木星は、「後から気づく」ということが多い星です。年齢的に最も輝くのが45〜55歳といわれています。ここが映画と似ていると思います。

良い映画は一度観て内容を理解して、その後さらに気になるシーンや目に焼き付けたいシーンを見返すものですよね。青年期を経て自分の人生の目的をなんとなく理解して、さらに深めて可能性を探る。これが太陽と木星、映画を観ることと見返すことに似ていると思うのです。

可能性は太陽でも読み取れそうなのですが、太陽が象徴するのはあくまで自分がどう生きるかの目的です。それに対して木星は「この方法もいいかもよ」とお得情報をくれる星です。必ずしも自分と同一視はできないけど、意識して取り入れたら意外といいかもよ、というアイテムです。ちなみに、星座占いでよく登場するラッキーアイテムも、木星によって決めていることが多いです。

とはいえ、ラッキーアイテムを取り入れるのはなかなか難しいですよね。「ラッキーカラーは赤」と言われても、「いや、私は青の方が好きだし」となってしまいます。青が好きな気持ちは太陽の部分です。ラッキーカラーは好みのカラーとは違うので、普段の自分なら選ばなくて当たり前です。それでも自分の可能性を広げるために身に着けてみようと思うかどうか、これが木星を使いこなすコツな気がします。

昔、尊敬する先輩芸人の方が、占い師に「ラッキーカラーは緑です」と言われて、次の日には財布もジャケットも全部緑にしたという話を聞きました。ぼくはその話を伺って「占いをすごく信じているんですね」と言ったのですが、その方は「別に信じてないけど、服の色ひとつ、他人のアドバイスを取り入れられないヤツに幸運は来ないと思ってさ」とおっしゃったのです。占いを「他人のアドバイスをちゃんと聞けるかどうかの予選」みたいに思っている、とも。木星はそんなアドバイスをしてくれる存在です。

もちろん太陽と木星のサイン・属性が一致する方もおられます。特にサインが同じ人は、人生の目的＝人生を広げるポイントとなり、普通に生きていても幸運が舞い込む、いわゆる「運がいい人」です。ただ、太陽と木星のサイン・属性が異なる人は運が悪い、ということではありません。というより、基本的に西洋占星術では「運が悪い人」というのはいません。

映画評論家の淀川長治さんは「どの映画にも見どころはある」がモットーで、小道具に使われた食器など誰も気づかない部分を見つけて褒めたそうですが、木星はそんな存在です。「仕事に生きるんだ！（太陽10ハウス）」という人が疲れたとき、「趣味やサークルがあなたの可能性ですよ（木星11ハウス）」と言ってもらえれば、生きるヒントをもらえる。自身の木星を知ることは、あなたがあなた自身の淀川さんになることです。

木星は、約12年で地球の周りを一周します。サインは12個だから、よく雑誌で特集されている「12年に一度の幸運」は、その人の太陽星座の位置に木星が来る時期のことを表しています。ぼくなら太陽星座のしし座に木星が入る時期で、２０２６年ということになります。このように、ホロスコープ上の他の惑星に木星の動きを当てはめてみることが、一番簡単な運勢の見方です。今は自分の水星に木星が重なっているから、「情報処理能力にラッキーがあるから資格の勉強してみよう！」とか、金星に重なっているから「今の彼氏とはもっと深い仲になれるかも！」とか、活用方法はさまざまです。

あくまで木星の実際の動きを見ているので、しし座に木星が入るときは誰のホロスコープでもしし座にラッキーが注がれているのですが、ハウスは人それぞれ違います。しし座に重なるハウス（必ずしもぴったりとは重なりません）が「仕事」を司る2ハウスの人もいれば、「結婚」を表す7ハウスの人もいます。生まれた時間が分かってハウスを割り出すことができれば、自分に今どの運の光が当たっているのかを知ることができます。

この、惑星の実際の動きを配置したホロスコープのことを**トランジットチャート**（↓188ページ）といいます。トランジットが読めると、本来の自分だけでなく「未来」を読むことができます。何も予言や超能力という意味ではなくて、計算で出された天体の動きに基づいて、この先のあなたのどの運に、どの惑星が光を当てるか、を読むわけです。もちろん木星以外の星もとても重要ですが、幸運期が分かる木星はぜひ意識してみてください。

長期的な運勢が分かると、映画を観るときでいう「ペース配分」が掴めます。ぼくは映画が大好きですが、結構上映時間を気にします。鑑賞しながら腕時計を見て、「あと○分か」と思いながら観ます。これは少し下品な話ですが、映画の途中でお手洗いに立つのは避けたいのです。映画が残り10分ならいいけど、まだあと45分残っているなら、ジュースを飲むのを我慢しておこうかな、みたいな計算がぼくの中にあるわけです。ペース配分や、タイミングを読むという点で、トランジットはこれと似ている、と勝手に思っています（あくまでぼくの中で、です）。

例えば「別れた彼のことがどうしても忘れられないんです」というご相談を受けたとき、恋愛や熱を想起させるハウスに木星が入っていたら、「まだ今後○ヶ月はこの人への気持ちが燃えるから、それまでは好きでいていいですよ。それを過ぎたら落ち着くはずですから」みたいにお伝えします。鑑定に来てくださる方は、未来を知りたいというよりも、「今のこの状態はずっと続いてしまうのか」が気になっているように感じます。

トランジットの木星を使うと、その状態の「期限」を知ることができます。映画館で「のどが渇いてどうしてもこのジュースを飲みたいんです！」という人に、「あと10分で映画が終わるから、それまでお手洗いを我慢できるなら飲んじゃえば？」と伝えることと似ているなと真面目に思います。

この「期限」を使いこなせると何かと便利です。「今付き合っている彼は本当に楽しいけど結婚が見えなくて……」という方には「2年後に結婚の良い時期が来るから、それまでは楽しいだけの恋愛でいいんじゃないですか？」と伝えられるし、「出会いがさっぱりないんです」と落ち込んでいる方には「あと半年はどっちみち仕事運しか良くないので、今は恋愛をすっ飛ばしてガンガン稼いで、来るべきときに備えてください！」という「DVDで怖いシーンをチャプターごとスキップする」みたいなアドバイスもできます。トランジットはそれだけで本が書けてしまうくらい奥が深いので、ひとまずは運気とは何か？　それが分かるとどうなるのか？　ということを、幸運の星である木星を通じて少し知っていただけたらと思います。

Check!

木星が表す可能性と見どころ

木星が入っているハウスで、あなた自身の可能性と、
あなたの物語の見どころが分かります。

1ハウス	キャラクターそのものが見どころ。楽観的に生きていると自然にチャンスが転がってくる。信頼される雰囲気があるので他人からの頼みごとに取り組むと幸運に恵まれる。
2ハウス	お金や所有物が見どころ。普通の人よりお金に恵まれ、高価なものを所有できる。お金を稼ぐことをいやらしく考えずにどんどん稼いで使うことで人生が広がる。
3ハウス	知識や学びが見どころ。いつでも学びの心を忘れないことや、常に知らない知識を学ぶことが吉。大人になって勉強の楽しさを知るタイプ。
4ハウス	地元やルーツが見どころ。大人になって一度は出た故郷に再び戻ってみると人生の再発見がある。思い切って親や近親者に甘えてみると閉塞感を打破できる。
5ハウス	遊びや自己表現が見どころ。恋愛も余暇も、童心に返ることで人生がもう一度輝く。「いい年をして」とか「お金にならないから」をいかに捨てるかもポイント。
6ハウス	サービス精神が見どころ。人より多く働いてしまったり責任を負わされたりしがちだが、後で必ず利益になる。頑張りがきちんと報われる流れになりやすい。
7ハウス	他者との出会いが見どころ。積極的にならなくても出会いに恵まれるので、試しに乗っかってみるとひとりでは行けない方向に進める。パートナーにも恵まれる。
8ハウス	包容力が見どころ。頼られたり依存されたりすることはあなたが相手や対象の善なる部分を無意識で見出しているから。そこで人を見る目が養われていく。
9ハウス	旅と放浪が見どころ。行きたい場所、見たいものがあったらふらっと出かけてみると何か良いことが起こる運。異文化に触れて心を旅させるのもあり。
10ハウス	他者から見出されることが見どころ。急激に流れに乗ったり、目上の人に重用されたりして、高い位置にぽんと放り出される運。チャンスは気負い過ぎずに楽しんで良い。
11ハウス	仕事や恋愛以外のつながりが見どころ。ボランティアやサークル活動など、普通に生きていたら出会わないつながりの中に、人生を広げるヒントが隠されている。
12ハウス	秘密や隠し事が見どころ。誰にも明かしていないことやもうひとつの面をネガティブに捉えるのではなく、「変身した自分」のように楽しく考えてみると良い。

土星

土星はその人の**苦手意識・コンプレックス**を表すとされてきました。肉眼で確認できる太陽系の中で最も遠い惑星で、その遠さゆえの暗さを反映して、「限界」や「制限」というちょっとネガティブな意味をまとっていた時期があります。
各ハウスの土星が持つ意味を表にしてみました。何だか、うんざりしますよね……。

1ハウス	自分に納得がいかない、または見つからない。時間をかけて自分を磨き、自らキャラ設定をすることで乗り越える。
2ハウス	金銭や所有に欠乏感を感じる。お金に困ることを過度に恐れたり、極端にケチになってしまったり。
3ハウス	コミュニケーションに劣等感。円滑な交流を避ける。挫折したぶん考えるのでだんだんと話せるようになる。
4ハウス	家に過度な重圧を感じる。自由を抑制されていると感じる一方、何が起こっても揺らがない堅牢な基盤を作れる。
5ハウス	自己表現に素直に取り組めない。年を重ねてもう一度チャレンジすると洗練されている。
6ハウス	責任のさばき方に難。ストイックに頑張ってしまい、弱音を吐けないが、結果組織や共同体の指導的立場になれる。
7ハウス	人に甘えることができず対人関係を苦手と感じるが、年を重ねるにつれ抑制の効いた付き合いができるようになる。
8ハウス	裏切られることを恐れる。深い関係を結べないぶん、人を見る目が養われ、一度心を開けば生涯の関係になれる。
9ハウス	未知の分野を恐れ、つい無難になってしまう。異文化に抵抗があるが、自分で納得がいく独自の考えを固められる。
10ハウス	キャリアや名誉に執着し、私生活や他人を犠牲にしてしまうことも。コントロールが利けば盤石の地位を得られる。
11ハウス	人の輪に入ることに抵抗があり、人見知り。思い切って飛び込めば自分の知識や意見を多くの人と交換できる。
12ハウス	トラウマや挫折が尾を引くが、この星を持つ人は挫折から学び、後に利益を生むことができる。

乗りこえられる試練を与えます
山場ではあります

ただ、現代ではこの土星の「苦手意識」や「コンプレックス」は「**試練**」「**乗り越えるべき壁**」として扱われます。

「苦手意識」の「意識」って、普段から見つめているってことだと思います。はなから自分にはできないと思って切り捨てていることは、劣等感として意識に上がることすらないわけで。なんとなく、自分が時間をかけてでも乗り越えなければいけないと思っていることが、転じて劣等感として表れる。ＳＮＳでバズっているのを見て嫉妬したり、何ともいえない気持ちになったりするのは、自分も努力すればその人みたいになれたかも、と無意識にその人に対して「壁を乗り越えた自分」を投影しているからなのでは？その「なんとなく」とか「無意識に」という領域こそ、西洋占星術を使って読むべき部分です。

土星を「苦手」＝「能力としてできないこと」と単純に読むのではなく、「時間をかけて克服するべきこと」として読んでみる。

その根拠として、**サターン・リターン**という考え方があります。

サターン・リターンは、出生ホロスコープの土星の位置に、空を運行する土星が重なる（帰ってくる）ことで、どんな人でも大体29～31歳の間に訪れます。これは、それまでの人生で苦手だと思っていたことを乗り越えること、克服するタイミングが来たことを表します。ただ、この年代になれば自動的に苦手なものがなくなる、ということではなく、それまでの人生で「どれだけそれを見つめたか」、もっといえば「どのくらい傷ついたか」がカギを握るように思います。

ぼくは11ハウスに土星があります。11ハウスは「趣味やサークルなど横のつながり」を表します。ここに土星があるということは、一言でいうと「人見知り」ということです。ぼくは若い頃、大の人見知りでした。大学では一度もサークルに入らなかったし、バイト先でも飲み会は断っていました。お笑い芸人になったら人の輪が広がるだろうと思っていたけど、結局芸人の中でもあんまり馴染めず、気づけば30歳を越えていました。

そんな中、31歳でＮＨＫの俳句番組にレギュラー出演することが決まり、その練習のために俳句の会に参加することになりました。やったこともない俳句と知らない人だらけの会。だけど、そんな人見知りの自分を何とかしようと思いながらずっと過ごしていたので、「えーい、ままよ！」と飛び込んでみました。そうしたら思いのほか楽しく、知らない輪に入ることの可能性に魅了されました。

その後ぼくの人見知りはかなり克服され、いろんなジャンルの集まりに気軽に参加できるようになりました。この体験がなかったら、もしかすると占いのオーディションにも参加していなかったかもしれません。

これというのも、根底に「人見知りの自分を何とかせねば」という思いがあったからだと思います。人見知りな自分が嫌だったり、人見知りせずに輪を広げられる人にコンプレックスを感じたりして、自分なりに「いつか克服してやる」と思っていたからこそ、サターン・リターンが訪れたのでしょう。ぼくは知らない人の輪に入ることの三百倍くらいダンスが苦手ですが、そのことを何とも思っていなかったので、もちろん30歳を過ぎて急にダンスが上手になることはありませんでした。

サターン・リターンを有効に迎えられたら、土星のあるサインやハウスは苦手どころか、その人の最大の長所になる可能性を秘めています。

先日、8ハウスという「他者との深い関わり」（↓168ページ）を表す場所に土星があって、「他人に心を開くことが苦手で、唯一心を開いた人が今の夫で、結婚したのがちょうど30歳」というサターン・リターンのお手本のような方がおられました。乗り越えた後の土星は、その人の物語の中で輝きを増します。

この土星は、映画で例えるなら「つまらないシーン」ではなくむしろ**山場のシーン**です。主人公たちがピンチや絶望、仲違いなどを乗り越える、後半に向けてのターニングポイントです。

アクション映画でもラブストーリーでも、面白い映画では必ずと言っていいほど、主人公が一度は挫折します。ジブリ映画『魔女の宅急便』の主人公キキも魔法の力をなくして空を飛べなくなりますし、往年の名作『風と共に去りぬ』のスカーレット・オハラも、焼け野原となった故郷で絶望します。

これらの挫折や絶望のシーンは単品で見るとしんどくなってしまいますが、そこから這い上がるプロセスとその後の巻き返しは、作品全体の最重要ポイントにして、観客の心に最も印象を残すのではないでしょうか。それが映画であろうと人生であろうと、山場と挫折は紙一重。土星はそれを教えてくれる厳しい師のような惑星です。

とはいえ、土星の読み方はとても難しいです。例えばおうし座に土星がある方で、おうし座らしさである「所有への欲求」が「あるのに素直に出せない」という方と「あり過ぎて制御できない」という方の両方にお会いしたことがあります。これはひとつの性質に決めつけないで、「おうし座的要素を使いこなすのが難しい」と考えると良いでしょう。少年漫画『NARUTO - ナルト -』のナルトがその身に宿している九尾の狐のように、『呪術廻戦』の虎杖の体内にいる両面宿儺のように、使いこなすのに時間がかかるパワーだと考えれば、苦手意識が出そうなときも、ちょっと頑張れるかもしれません。

土星はひとつのサインに約2年半滞在するので、その間に生まれた人の出生ホロスコープではみんな同じサインになります。仲良しの大学のサークルメンバー10人で占いに行ったら、学年が違っても土星は全員同じサインだった、ということにもなり得ます。もちろん土星のサインも無視できません。その場合は、その2年半の間に生まれた人に共通する世代間の試練と読むことができます。バブル世代と氷河期世代とゆとり世代、というくくりよりはやや狭い期間ですが、それぞれの世代に共通する土星のサイン的試練があるはずです。個人のホロスコープでは、サインよりもハウスで見たほうが、その人のパーソナリティとより密接に紐づけることができます。

天王星

天王星は、18世紀に望遠鏡の技術が発達してから発見された、84年で地球を一周する惑星です。ひとつのサインにだいたい7年滞在するので、小学校全校生徒が同じサインの天王星を持つこともあり得ます。そのため個人のホロスコープで読む場合は、木星や土星と同様にハウスを重視したほうが良いでしょう。

天王星は**革新**や**革命**を表す惑星です。その人が他人と比べてどの分野において変わっているか、革新的なのかを表して

います。映画でも、ひとつのジャンルのエポックメーキングになる作品がしばしば登場します。例えば『ジュラシック・パーク』は、CGによって映像に革命を起こしました。『マトリックス』も斬新なアクションシーンで、世界中にワイヤーアクションというジャンルを浸透させました。『シックス・センス』はそのプロットで、世界中の脚本家に「この手があったか！」と言わしめました。

天王星は、このような**ブレイクスルー**がその人のどこにあるのかを指し示してくれています。注意したいのは、この天王星が示すのは「長所」ではなく「変わっているところ」です（長所は木星で読むのがベターです）。その人が生きている時代に、周りの他の人と比較して変わっている部分のことです。

激しいアクションシーンを観たとき、ぼくたちは今でも「マトリックスみたい」とつい口にします。とんでもないどんでん返しの映画を観ると「シックス・センス系だね」とつい言ってしまいます。日常でも、すごくのどかな風景を観たときに「ジブリみたい」と言ってしまうことがありますよね。

その人の名前を冠して呼んだ方が分かりやすいくらい、他と違う部分を天王星は担当してくれています。「ますかたみたいなしゃべり方じゃん」とか「ますかたみたいなお金の使い方するなよ」みたいな感じ。全部の映画に革新性があるわけではないのと同じように、すべての人に人と比べて変わっている部分や革新性があるのかといえば、そんなことはないと思います。『マトリックス』や『シックス・センス』は斬新であり、名作でもありますが、一方で斬新さはないけど面白い、という映画もたくさんあるからです。『鉄道員（ぽっぽや）』という作品は斬新ではないけど、不朽の名作ですよね。

ここが天王星以降の星の難しいところです。実感できる人とできない人が大きく分かれます。人と変わっていると言われて悩んでいる方は、自分の中の天王星を見つめて、それは変わっているけど劣っていることにはならないんだと思ってほしい。うまくやれば、それはあなたが第一人者になれる可能性の部分かもしれません。

平凡な自分が嫌で悩んでいる、という方には、天王星がある場所が、宝の地図のようにあなたのヘンなところを教えてくれるかもしれません。特にそういう願望もない、という方にとっては、土星より遠い惑星はそんなに積極的に取り入れなくてもいいのかな、とも思います。

海王星

海王星は天王星よりさらに遠く、太陽の周りを165年かけて一周する現実離れした星です。ひとつのサインに約14年間滞在するので、ひとつの時代やブームを区切る世代天体です。海王星は**幻想**や**陶酔**を表します。あなたの人生のどこに、幻想や陶酔など、**魔法にかけられたような部分**があるか。これはスピリチュアルな話ではありません。

ある種の映画には、一部のシーンだけ説明不可能で、幻想的だったりぶっ飛んでいたりする作品があります。『トゥルー・ロマンス』という映画は冴えない男が事件に巻き込まれてヒロインと逃げる映画ですが、彼の頭の中には架空の存在「エルヴィス」が住んでいて、いつも彼に助言を与えます。このエルヴィスはド派手な格好をしているけれど、主人公にしか見えません。『バッファロー'66』という映画では、主人公の妄想シーンがストップモーションで撮影されていて、そこだけなぜかミュージックビデオのようになっています。これらの作品はファンタジーではなく、基本的にはロードムービー

どんな惑星にも魔法をかけてしまう

だったりラブストーリーだったりするのですが、一部分だけ説明がつかない不思議なシーンが挟まれています。

　人生という物語の中での海王星の役割って、こんな感じかなと思います。その人の中の、きちんと説明がつかないけどふわふわした面白味があるところ、くらいに思っていたほうが良いでしょう。説明がつかない、幻想的で捉えどころがない部分が海王星です。なかなか実感しにくいし、生涯その影響を感じない方も多くおられることでしょう。すべての映画に幻想的なシーンがあるわけではないですからね。

冥王星

冥王星は太陽系の最果てに位置する星で、太陽の周りを約248年かけて一周するという途方もない時間間隔を持っています。その遠さから、冥王星は**極限**を表すといわれています。冥王星はどの文献を読んでも非常に解釈が難しく、「死後の世界」を持ち出す人や、世代によってはまったく読まない人もいます。

冥王星は海王星以上に意識できないし、その影響が表れる人は限られてくると思います。ぼくが今まで見た中では、冥王星単体ではその人の中でほぼ機能せず、その人が持つ別の星（特に月〜火星）との角度の組み合わせ（アスペクト→190ページ）によって、その惑星の極限性が引き出される、という感覚です。

ある知人は、さそり座の水星にさそり座の冥王星がぴったりと重なっていました。さそり座水星の洞察力がさらに冥王星によって引き出され、パートナーのどんな些細な嘘も絶対に見抜けてしまって辛いと言っていました。水星の情報処理能力も極限まで引き

出されるので、相手のSNSの裏垢まで全部見つけてしまう、と。またある友人は、太陽と水星と金星が、冥王星とかなり正確な180度を取っていて、本当にここでは書ききれないほどの波乱万丈な人生を送っています。

　映画でいうなら、冥王星はシーンやジャンルではなく**極限性**。例えば『ソウ』シリーズは極限まで残酷な殺人ゲームのオンパレードで、ストーリーの印象をその残酷さが上回ることがしばしばあります。

　大島渚監督の『愛のコ・リーダ』は、男女の情欲の極限を表現するあまりに、発禁処分になるほどのセンセーショナルな性描写がほぼ全編を通じて描かれています。

どちらもひとつのテーマに特化して掘り下げたからこそ、後世に名を残す名作となったわけですが、映画そのものがそのワンテーマに取って代わられているともいえますし、特化しているからこそ、受け入れられる人とそうでない人の差も大きく分かれました。そういった映画が決して数多く存在しているわけではないのと同じで、冥王星の影響を受けている方も、正直そこまで多くお会いしたことはありません。

ホロスコープ上で、冥王星と他の惑星がどのように関わっているかを注視して、冥王星が効いていると読めた方は、自身の極限性の調節を工夫してみてください。きっと素晴らしい才能を引き出せることと思います。

第3章

星座

（サイン）

星座（サイン）　―それぞれのシーンを演じるキャラクター―

ホロスコープの円の外側には星座が割り当てられています。この星座の配置も、生まれた年月日や時刻によって異なります。それぞれの惑星がどの星座（サイン）にあるかによって、シーンを演じる登場人物の「キャラクター」が見えてくるというわけです。

12サインは4つのエレメント（↓23ページ）の他に、3つの特徴で分けることができます。**四元素**に対して**三区分**といわれます。三区分には「活動宮」「固定宮」「柔軟宮」があり、12サインは必ず元素をひとつ、区分をひとつ帯びていることになります。火の活動宮といえばおひつじ座、水の柔軟宮といえばうお座、というふうに識別されます。

この章では、元素と区分を割り当てられた12サインの性質を具体的に見ていきましょう。サインの特徴を捉えたら、惑星（シーン）ごとのサインの現れ方もチェックしてみてください。映画のコラムでは公開日でサインを割り当てました。サインの特徴を表しているので、理解の一助になればと思います。

固定宮・活動宮・柔軟宮について

三区分は、行動様式や物事の進め方をイメージできるようになっています。

活動宮は、何かを始めたり広めたりする、弾けるような能力が特徴です。ぐいぐい進む第一人者になり得ますが、継続したり周りに合わせたりすることが苦手です。映画の作り方で例えるなら、監督の自己表現を詰め込んだ「野心作」です。

固定宮は、何かを長期的に維持したり、価値を築き上げて伝承させていく能力が特徴です。安定的ですが頑固で変化できず、ハンドルの遊びがないともいえます。映画の作り方で例えるなら、お馴染みの展開をマンネリ化させずに続ける「長編シリーズ」です。

柔軟宮は、周囲の色に染まり、自分を周りに合わせて変化させられる能力が特徴です。積極的に主張したり、自我を出したりはしませんが、器用で応用が利き、優しいイメージ。映画の作り方で例えるなら、流行を取り入れていて大人から子供まで楽しめる「トレンド作品」です。

おひつじ座

火属性

活動宮

おひつじ座は12サインのトップです。火属性なので、しし座やいて座と少し似ています。自分の衝動を大切にする火の属性に加え、活動宮なのでその衝動性は12サイン随一。12星座の先頭でもあり、とにかくスピーディーで反射的というイメージ。怒りも、愛も、興味も、急激に熱を帯びて急激に冷める。岡本太郎が言った「たとえ三日坊主であってもその三日が楽しければいい」という言葉を地で行くような、瞬間に生きる星座です。

衝動を大切にするのでぶつかることを恐れない、それゆえおひつじ座はリーダー気質といわれています。「黙って俺についてこい」ではないですが、そんなイメージも4月生まれだということが無関係ではないでしょう。太陽以外の惑星がおひつじ座に入っている方もやはりそれぞれのシーン、役割においておひつじ座の衝動性を発揮することが非常に多くあります。必ずしも学校や職場という大きな集団でのみリーダーシップを発揮するのではなく、例えば恋愛で、趣味仲間の中で、空気の読み合いがもたらす停滞感

に「だったらやってやる！」とひと肌脱ぐ資質がありますよ、ということです。あなたの中の牡羊が黙っちゃいない場面が必ずあるのです。火属性の星座のうち、特におひつじ座としし座は時として損をしがちです。損得勘定抜きで行動する、何かの言い出しっぺになるなど、日本の社会やコミュニティでは大きなリスクとなる行動をしてしまうからかもしれません。でもこういう人がいないと、物事はスタートしませんよね。

　リスクを取って行動したときは自己嫌悪に陥らず、せめてあなたはあなたの牡羊を撫でてあげてください。

月
×
おひつじ座

内面が衝動性に満ちていて、無意識での行動が極端になる場合が多い。例えばちょっとしたことでLINEをブロックするとか、反射的に手が出そうになる、ということも。内面がチャレンジ精神で満ちているので、自分が矢面に立たなくても、アイデアだけは豊富に出てくる。

太陽
×
おひつじ座

挑戦と衝動がモットー。それがどんなことであれ、挑戦的でないと生きる実感が湧かないし、困難であればあるほど燃える。明らかに損をしたりダメージを被ったりしても、自分の衝動に則っていればOKにしてしまう。他人から見るとその姿勢がリーダーシップに映るが、それは本人が名誉を求めているわけではない。

金星
×
おひつじ座

世間一般でいう女性らしさではない部分に魅力がある。好きな相手に負けず嫌いを発揮したり、ライバル視したりすることで輝きを発する。趣味にはとりつかれたようにのめり込むが、すぐに冷める。男性の場合、ボーイッシュな女性、ショートカットの女性が好み。負けん気が強い女性を恋人に選ぶのでケンカしがち。

水星
×
おひつじ座

コミュニケーションや思考回路が反射的で、興味が次から次へとすぐに移る。アイデアを長い期間自分の中に押さえ込んだり、タイミングを見計らって熟成させたりすることが苦手。何もしていないことが苦痛で仕方がない。

木星 × おひつじ座

人生の中盤から新たなことを始めてみると可能性が広がる。年齢を枷にせず、やりたいとひらめいたことを突き詰めると、これまでの人生にはなかった道が開かれる。その時点までの道のりが間違っていたというわけではなく、お店で人の笑顔を見ているうちにお笑いに携わりたくなった、など前半生を糧にした変化が多い。

火星 × おひつじ座

おひつじ座の火星は火星の力を強める。非常に熱しやすく、キレやすい。「やめろ」と言われれば言われるほどやってみたくなる。チャレンジ精神の度が過ぎ、スリルを好む。そのアグレッシブさは目的達成のために使われれば最高のガソリンだが、失敗を失敗と認められず、引き際を誤り大損することも。

＼映画で語る／
おひつじ座

アイアンマン

巨大軍需産業の社長トニーがテロリストの殺りくを目の当たりにして、事業から手を引き、ヒーローとして生きることをスタートさせる『アイアンマン』。この作品は、薬物中毒でキャリアを台無しにしていた俳優ロバート・ダウニー・ジュニアの新たなスタートでもありました。作中の「私はどう見てもヒーローって柄じゃない。欠陥が多くたくさんの過ちを犯した」という台詞は、まさに彼自身の声でしょう。その後トニーはアベンジャーズのリーダーとして活躍します。おひつじ座らしく「スタート」という言葉が大きな意味を持つ作品です。

土星 × おひつじ座

自分の中で衝動性が大きな要素を占めているのに、なかなか表に出せない。好きになった人は可能性がなくても告白したいし、趣味も思いつくままに始めたい欲求はあるが、あと一歩で「こんなことして何になる？」ともうひとりの自分にブレーキをかけられる。衝動に身を任せる局面を選び間違えてしまうことも。

おうし座

土属性

固定宮

土属性のおうし座は現実主義で物質主義。固定宮なので、どんなに夢があったり流行ったりしていても、「それは実際にどんな価値があるの？」という実用性に基づいたスタンスを取ります。土が固定される、これをイメージするだけで重々しさ、ずしっとした質量を感じますよね。しかも牡牛。このサインは実際に触れられるものを粘り強く求める、12サインで一番頑固で物質主義的な性質を持ちます。

例えば、インスタ映えするきらびやかなスイーツや、盛り付けにこだわったオシャレなランチプレートより、しっかりと土鍋で炊いたお米の上に、100グラム三千円の松阪牛をのせたステーキ丼を選ぶような質実剛健さ。おうし座が司るのは「美」なのですが、その美は実際に五感を満足させる美しさです。食欲を満たすのは流行でもなく見栄えでもなく、自分の舌を満足させる「味」。この本質的で地に足がついたおうし座の考え方が、鈍重さと頑固さを感じさせてしまうのです。

もちろんこれは人生そのものに対するスタンスです。せっかく生まれてきたのだから楽しもう、そのためにはお金を稼ごう、といった、遠回りが一番の近道であることを知っている星座です。「貪欲」という少々ネガティブなワードを、おうし座はポジティブに使いこなすことができます。印象が軽やかで、流行に上手に乗っている人でも、おうし座の星を持っている人はどこかに譲れないこだわりと、強い欲望を持っているはずだし、それに見合う堅実さを兼ね備えています。どんなものであれ、所有したいという気持ちは人一倍強い星座です。

月 × おうし座

秘めている欲望が強い。あまりアピールはしないけれど、三大欲求のどれかに対する制御が難しい場合あり。しっかり者なのに寝坊が多いなど。頑なな心を抱えていて、相手の言うことに反発はしないけど、容易に従ったり考えを変えたりすることはない。

太陽 × おうし座

どのジャンルであれ堅実で、手に取れるもの、触れられるものを大切にする。その結果がお金として貯まるなど、気に入ったものに囲まれる生き方に反映される。自分の価値観と結びつかない賞賛や脚光は求めない。仕事や情報収集以外での SNS 利用には消極的なスタンス。

金星 × おうし座

おうし座は金星の力を強める。濃厚で濃密な愛。一度好きになったら長く続き、愛着が湧いて離れられない。性欲自体は強いが、浮気をしない。自分からアプローチをしなくても、愛されたり信頼されたりする。趣味もマニアックなものを突き詰める傾向があり、美的センスが良い。

水星 × おうし座

理想よりも現実と現場を重視する。感情的で非建設的な考え方は受け付けない。自分が考えていることを口に出すときに、相手の気持ちを思いやることが苦手。愛情表現をするなら、言葉を発するよりも、無言で抱きしめる方がいいと考える。基本的に無口で不器用なしゃべり方だが、相手に聞き入れさせる味がある。

木星 × おうし座

ゴージャスさと物質的な満足が幸運を招く。自分が欲しいもので部屋を満たしたり、偏ったコレクションがラッキーを招いたりする。また、年を重ねるごとに金運が増すので、ある程度浪費しても生活が揺らがない。濃密に人やモノと関わると、見落としていた幸運が目に入る。

火星 × おうし座

激しく怒ることはないが、自分の非は認めず、主張を通そうとする。表向きは静かで大人しそうだが、一度自分が決めたことは、社会的な常識からはずれていても突き通す。持久力があり、弱音を吐かない。その折れない闘志は頑固と評されることもあるが、同じく頑固な人からは信頼される。

＼映画で語る／
おうし座

華麗なるギャツビー

思いを寄せる女性のために大金持ちになり、豪邸で贅を尽くす主人公の愛は分かりやすい物質主義で満たされています。言葉や愛嬌ではなく、モノで示すという土属性の愛情表現です。彼女のために豪邸を手に入れた所有欲は、彼女そのものへの所有欲へと変わってしまった。ひとつの目標に全力を注ぎ込むことは素晴らしい才能ですが、この物語の悲劇的な結末は、一途な愛情が執着になり得るというおうし座の愛の二面性を暗示しています。アカデミー視覚効果賞を受賞した映像と音楽も、まさにおうし座的五感を楽しませるゴージャスさ！

土星 × おうし座

強い執着をコントロールできるかどうかがカギ。人やアイデアなど、ひとつの対象に強くしがみつき、自分でも諦めるべきと分かっているものを引きずってしまう。本当に欲しいものや愛すべき人が分からずに、むやみに贅沢をしたり空虚な人間関係を複数作ってしまったりすることがある。物欲を出すこと自体をためらうことも。

ふたご座

風属性

柔軟宮

ふたご座は風属性で、てんびん座やみずがめ座と同じ仲間です。知性とコミュニケーション能力を大切にする属性です。柔軟宮なので文字通り風のように捉えどころがなく、自由気まま。てんびん座よりもみずがめ座よりも、これぞ風って感じの風です。占星術を学ぶにあたり、何冊もの本を読んだのですが、ふたご座だけはちょっと悪く書かれていることが多い印象です。

これはふたご座の特徴である、「いくつものことを同時にこなせる」「何にでも詳しくおしゃべり」「興味が次から次へ移り変わる」「流行に敏感」などが、日本的な価値観だと「軽い」と見なされるからでしょう。「中途半端」、「軽薄」、「飽き性」、「ミーハー」……と、器用であることの特性って、悪く言おうと思えばいくらでも言えると思うんです。別にふたご座の方に恨みがあってこんなに悪い例が出てくるわけではありません。

ぼく自身、内面を表す月がふたご座なのですごく実感があります。

おひつじ
おうし
ふたご
かに
しし
おとめ
てんびん
さそり
いて
やぎ
みずがめ
うお

日本に足りていないのはスペシャリストではなく、まんべんなく優れたジェネラリストだといわれています。終身雇用が崩れ、転職や副業が当たり前になっている時代です。こんな時代に、ふたご座の特性はすごく大切なのではないでしょうか？　いろんなことに興味があるので執着が薄く、他人にも期待し過ぎない、許容する優しさがあるように感じます。他人に興味がないからこそ優しくできることもあるんだなと思います。いずれかの惑星がふたご座に入っている方は、その星が司るシーンでふたご座的器用さを発揮してみてください。

月 × ふたご座

リラックスするためにとりとめなくおしゃべりする。気持ちがころころ変わるので前言撤回することにためらいがない。シンプルな場所が落ち着かず、情報やメディアに囲まれた場所がお気に入り。集中するためにうろうろしたり、嗜好品を摂取したりする必要がある。ちょっとブラックな内面を抱える。

太陽 × ふたご座

器用でひとつのことにこだわらない。本業と副業を使い分けるなど、他に興味の対象を作る。柔軟に考え方を変えることができ、良くも悪くも執着がない。流行に敏感で「変わるものは仕方ない」という柔らかいスタンスを取る。同時進行でマルチタスク、「ながら」ができるので他者から真剣さが足りないと思われることも。

金星 × ふたご座

しゃべり方に愛嬌があり、それが魅力となる。コミュニケーションが軽妙で相手を楽しませるので、異性を勘違いさせやすい。どの年代の人とも恋愛できるが、興味が移り変わりやすく、二人を同時に愛せる。芸術の才能があるがひとつを極められない。非常に多趣味で、興味のあることを一口ずつかじっていく。

水星 × ふたご座

異常に口がうまく、多種多様な知識の引き出しを持つ。多角的に考えられるが信念はない。トーク力はあるが、相手との心のつながりを持つためのコミュニケーションではなくても良く、相手に知識を披露したいだけの場合もある。流行にも敏感で、情報収集が早い。聞かれていないことまでしゃべる傾向も。

木星 × ふたご座

本業とは別でやっていることが人生を広げてくれる。最初はあまり興味がないことでも、だらだらと続けているうちにメインの収入源になったり、協力者との出会いにつながったりする。フットワークの軽さが、無自覚のうちに使える知識と技能を増やしていく。面倒くさくても動き回るべき。

火星 × ふたご座

何に対してもマイルドな情熱を持つ。好奇心は旺盛だが、ちゃんとした答えがなくてもいい。恋人と別れてもすぐ次に行けるか、次が見つかっている状態での別れ。恋人でも名誉でも、手に入れるとすぐに冷める。闘争本能を見せることがカッコ悪いと思うので、怒っていてもニコニコしている。

映画で語る ふたご座

アラジン

ふたご座的な軽妙さ、自由さを表した映画だと思います。主人公のアラジンは王女様や猿、ランプの魔人まであらゆる対象とやりとりするコミュ力の塊。王女とお付き合いするために身分を偽って近づく二面性はチャラいとも取れますが、この星座が持つ器用さ、マルチタスクの表れだと感じられます。作中でアラジンが「本当の自分とは何だろう？」と悩む姿は、何かに専念しないといけないのかな？　と悩むふたご座の葛藤そのもので、器用な人は器用な人なりの苦労があるんだなということを教えてくれます。

土星 × ふたご座

柔軟さに制限をかけてしまう。もっと自由でいいのに、と思われてしまう生き方。こだわりを捨てると「あんなことにこだわっていたのか」と思う。会話で相手を納得させたり自分の意見を言ったりすることにためらいがあるため、強く言われると言い返せないし、無駄だと思ってコミュニケーションを諦めてしまいがち。

かに座

水属性

活動宮

かに座は水属性で、感受性や共感を大切にします。活動宮なので自ら動きます。情緒的な水属性の「活動」って？　と考えてしまいますが、要はテリトリーを作るということ。仲間、家族、絆、そういったものを積極的に形成していこう、という活動性です。

親しみやすさと愛情深さが特徴として挙げられますが、これは誰に対してもというわけではありません。この人となら仲間になってもいいと思える人だけで、自分のテリトリーに入れたい人、または入っている人と、そうでない人の間には、ズワイガニの殻のような固い壁がそびえたっています。求人誌で「アットホームな職場です！」と書いてあって、社員が肩を組んでいる雰囲気って、なんだか圧があって尻込みしてしまいませんか？　かに座の親しみは、この空気にも似た排他性を帯びています。共通点や同じ匂いを感じられた相手にこそ発揮できるということです。かに座的な他者への興味や情愛はオールマイティーではありませんよ、とあらかじめ思っていてください。

かに座は家庭的といわれますが、これも「誰と築く家庭か」ということです。家庭を作りたい相手とならとことん家庭的になれるという意味なので、誰とでも納得がいく家庭を作れるわけではないし、家庭的な女性を求める男性の望みを叶えてあげる必要もありません。でも、能力としてできるというのは大きな武器です。かに座特有の親しみやすさは、どんな場所にも馴染める魅力です。相手と正式に仲間になれるかどうかは別として、その魅力を使いこなしてください。誰とでも仲良くできるという幻想は、かに座の心を傷つけてしまうこともあります。

月×かに座

相手の気持ちを自然に察することができるため、聞き上手で誰からも親しまれる。どんな人からも心を開かれやすいが、本人の内面は敏感。寂しがり屋な面と人恋しさを抱えていて、誰かがそばにいないと落ち着かない。どう考えても切った方がいい縁でも、愛着によって引きずる。無意識に安定を求め冒険できない。

太陽×かに座

優しい雰囲気で人を傷つけないスタンス。仲間、家族、地元を大切にするが、心を開いた相手とそうでない人の間には明確な線引きをしている。人や物に愛着があり、一度深い思い入れを抱いた対象があると、断ち切れずに引きずる。守りたいものを溺愛する。他者と同じ空間を共有することが苦にならない。

金星×かに座

男女問わず母性的な魅力。シャイだがストレートな恋愛表現。モテるので浮気を夢見るが、結局は馴染んだ人の方がいいので未遂に終わる。深い愛情はあるが、他人にはあまり恋人やパートナーとの話をしない。相手が言ってほしいことを言えるし、欲しがっているプレゼントをあげられる。仲間と和気あいあいと楽しむ。

水星×かに座

親しみやすいしゃべり方。関西のおばちゃん風。思考方法は感情優先で、身近な人に肩入れしてしまうので身内びいきになりやすい。人見知りだが、一度心を開いたら自分が好きな話をずっとしてもいいという甘えがある。人に教えることが好きで、教えられると異様なまでののみ込みの早さを見せる。

おひつじ
おうし
ふたご
かに
しし
おとめ
てんびん
さそり
いて
やぎ
みずがめ
うお

木星×かに座

家族が恩恵を運んでくる。本人は自立心があり、自分の力で人生を切り開こうとしても、思いもよらないところで家族や地元が仕事を広げてくれるし、それを受け入れることでひと皮むける。思い出を無自覚のうちに増やしていくことと、身内への愛情過多のため、お土産やご褒美を買い与えがち。

火星×かに座

温厚だが仲間を傷つけられると豹変する。他人には熱くならないが、心を開いた人や身近な人には攻撃性を出してしまう。自分の仲間ならこうあってほしいという思いが強く、ときに厳しさとなって表れる。情熱に親しみやすさが加わるので、男性の場合はホスト感が出ることも。

＼映画で語る／
かに座

きみに読む物語

認知症を患った老婦人に老紳士が読み聞かせる、貧しい青年が裕福な令嬢に恋をする物語ですが、この作品には「家」というかに座的な要素が描かれています。この恋は、家柄の違いという排他性において一度は決別を迎えます。青年は彼女のために購入した家を売りに出しますが、それを知った令嬢は青年の元に駆け付け、結ばれる。実はこの恋物語、冒頭の老人ふたりの物語で、婦人は物語を聞き終えたときだけ、記憶を取り戻します。かに座の愛着は場所だけでなく、記憶とも深く結びつきます。かに座の弱い部分をとても美しく優しく描いた作品です。

土星×かに座

相手と深く関わることが怖い。「結婚を前提に」など、関係に永続性がチラつくとひるんでしまうが、それは仲間意識や絆というものを真剣に考え過ぎているから。絆を作ることを恐れて本音を見せず、中途半端な関係を長年にわたって続けてしまうこともある。本物の絆を探すあまり、良い縁を見失うことに注意。

しし座

火属性

固定宮

しし座は火属性で、現実や物質、共感性よりも「自分がやりたい」という衝動や創造性を大切に生きる星座です。固定宮で維持・継続する傾向があるので、「クリエイティブに頑固」と言い換えることができます。

一言でいうなら輝きたい、目立ちたい、自分の理想に生きたいということです。キーワードはキラキラとドラマチック。何かを創造したり表現したり、そのためならお金も結婚も後回し、みたいな長年の夢を継続し続ける人が多いです。キラキラを継続する、これは自己主張の強さとして表れることが多く、小学校なら学級委員、バンドならボーカル、会社員ならチームリーダー、みたいな脚光を浴びる生き方をする人が多くいます。ただ、実が伴うかどうかは別問題で、好きなことができれば他人の評価や損得はどうでもいい、という人も多いです。

こう書くと、すべてのしし座が目立ちたがりのように読めますが、「しし座だけど目

立つのは嫌いで……」という方ももちろんおられますし、全員が有名人や表現者を目指すといわれると嘘くささを感じてしまいます。そうではなく、「しし座の星を持っている人の中にはキラキラ成分が含まれていますよ」くらいに思っていてください。太陽がしし座の人はなおのことです。

日常を描いたドラマやエンターテイメントが多数存在するように、しし座の星を持つ人にとって、日常のどこかにはドラマチックが潜んでいるということです。どこに潜んでいるかは、4章のハウスのページで明らかにしていきましょう。

月 × しし座

内面がドラマチック志向で目立ちたがり屋が多い。本当は注目されたいけど、ひとりでは行動を起こせない。親しい人とカラオケに行った時だけ弾けるようなタイプで、ドラマ性を発揮するのに月の領域であるリラックスが必要。自己表現の欲求を内面に抱えていて、ひとりで絵を描いたり音楽に取り組んだりする。

太陽 × しし座

そのものずばり、ドラマチックな人生を生きようとする意志。必ずしもアイドルや芸人になりたいというわけではなく、何かしらの分野で自分の創造性や表現を輝かせたいということ。その分野が仕事の人もいれば、学びの人もいるし、人脈が豊富など人間関係で華やかでありたいという人もいる。

金星 × しし座

恋愛に華やかさを求める。サプライズや派手なロマンスを追う人もいるが、才能がある人との恋愛を望む傾向が多く見られる。顔や性格だけはなく、本人が考えるところの「才能」を恋愛相手に求めるので、いわゆる「理想が高い人」と言われてしまうことも。ただ本人からすれば、恋愛に妥協や打算は必要なし！ という感じ。

水星 × しし座

比較的大げさで、エンターテイメント性豊富なコミュニケーション。あだ名のつけ方、例え話が秀逸。正確さよりも楽しめるかどうかを重視した学び方。話を盛りがちな人が多く、1のことを10にも100にも膨らませてしゃべる、でも楽しい、といった感じ。これぞ芸人！ というタイプの芸人に多い星回り。

木星×しし座

遊び心と自己表現が人生を広げる。「いい歳だから」とか「お金が儲からないから」とかは関係なく、自分にとって面白いことを実現することで人生が豊かになる。木星の性質がより輝くのは45歳以降なので、大人になっても遊び心を忘れないことがこの星を持つ人のポイント。

火星×しし座

明るさに情熱を注ぐので非常にストレートにしし座の良さが出る。火属性の中でも衝動的ではないので、ハードな場面でも楽しみを忘れない。「若い頃に大失敗をして這い上がる」という人も非常に多い。有名な実業家や起業家で、大失敗をした後に会社を作ったという方には高い確率でしし座の火星がある。

＼映画で語る／
しし座

スタンド・バイ・ミー

少年たちは森の中の死体を探すというひと夏の冒険に出ます。この冒険はあまりにもキラキラしているけれど、形としては残らない。彼らにとってこの冒険は一生の夢や社会的到達点ではなく、「少年時代の夏」というピンポイントのキラキラです。この物語は「夢は叶う」とか「ビッグになれ」ではなく、「キラキラを求める人生の肯定」と「どこにキラキラがあるかは人によって違う」ということを語ってくれます。作家となり夢を叶えた語り手の少年はもちろん、仲間たちにもきっとしし座の星はあって、彼らのどこかでそれを輝かせていたといえるでしょう。

土星×しし座

自分の能力を外に発信したいけれど、さまざまな事情で挫折し、表現欲を抱えて10～20代を過ごす人が多い。年齢を重ねることでそれらの能力・魅力が磨かれ、中年期以降に自己表現に目覚める人も。自己表現とは無縁の場にいてもそのことが頭をよぎるなら、開放してもいい時期。

おとめ座

土属性

柔軟宮

おとめ座は土属性なのでおうし座とやぎ座の仲間です。先ほどのおうし座と違って、柔軟宮という自分を変化させることが上手な区分なので、頑固さがそれほどなく、堅実さや物質主義を他人の要求に合わせることができる性質を持っています。一言でいえば「真面目」です。時として「お堅い」と評されてしまうこともあるかもしれません。場の空気を感情ではなく現実と照らし合わせて読むことができるので、何でもソツなくこなせ、作業や処理といった事務的なことに向いています。自分でゼロから何かを作り出すのではなく、他人のオーダーを完璧なクオリティでこなそうとする精神です。「人より仕事ができる」＋「要求に応えたい」のコンボで、ついつい損をしてしまうと感じるおとめ座さんもいるのではないでしょうか。

しかもおとめ座は「乙女」という麗しい名を冠していながら、土という重々しさや現実感を伴うので、「現実的に考えて」とか「損得で考えると」というちょっとロマンに

ひとことで言えばまじめ。でも柔軟

欠けるスタンスを取ってしまいがちです。

しかしこれは、現実に照らし合わせたり、損得勘定を入れたり、他者の要求に応えたりしていけばいくらでも変化、成長できるということです。お笑い芸人でも、デビュー当時と今で全然芸風が違う方、180度方向転換をした方はおとめ座が多い印象です。おとめ座に星を持つ方の現実主義や分析力は、時として重荷として感じられてしまいますが、それは無理なく自分を成長させるためのツールとして使うことができます。純粋無垢な乙女を魔性の女に変えるのも、知的な才女に育てるのも、あなた次第です。

月
×
おとめ座

細かい作業に没頭すると落ち着く。サービス精神が強く、自分が望まないことでも他人に喜ばれると思うとやってしまう。人前に出たり、特別扱いされたりすることを嫌う。自分の感情を率直には出さない。男性の場合、女性に至らない部分を見つけがち。

太陽
×
おとめ座

義務感や責任感が強く、他人の要求に応える生き方を望む。仕事に感情を入れず、作業や処理として割り切れる。細かいところが気になるので、作業を他人任せにできない。相手に気を遣ってしまい、奢ってもらうのが苦手。自分の人生を、時代や環境に応じて柔軟に方向転換できる。

金星
×
おとめ座

恋愛に対して潔癖で、没頭しにくい。おしゃれだけど派手ではない魅力。恋愛も理路整然と分析するので、愛情表現は言葉や共感ではなく行動で示す。現実的に考えて最も相手のためになる行動を導き出す愛。ときに「これだけの時間をかけて会いに来たのだから、言葉がなくても満足するべき」と頭で考えた恋愛を押し付けがち。

水星
×
おとめ座

ひとつひとつ物証を積み重ねて話す理論派。感情を排して事実に基づいた会話をする。優しさに欠けた印象を持たれるが、感情だけで思考している人に解決の糸口を与えることも。精密さを求めるので、普通の会話の中でもデータを気にする。統計的にデータをまとめ、それを応用する。タイピングなどの作業が早い。

木星 × おとめ座

実務能力が可能性を広げる。衝動を形にするには地道な努力が必要ということに気づくと伸びるので、細かい作業が苦手な場合は実務家を近くに置くと良い。真面目であることが幸運を招く。ルートを外れることや火遊びには不向きなので、無難で地味な決断に自分なりの金脈が眠っていると考えて。踏みとどまる勇気に吉。

火星 × おとめ座

細かい矛盾が気になる。大爆発はしないが、他者の落ち度を重箱の隅をつつくように攻撃する。完璧さにこだわるために小うるさいと感じられることも。分析力が熱を帯びるので他人を詮索するが、この計算能力を活かせば熱意に計画性を持たせ、確実に達成することができる。努力を数値化する。

映画で語る

おとめ座

おくりびと

主人公は夢だった音楽の道を諦めて納棺師となり、その新たな道でもやりがいと誇りを見つけます。自分の夢をも変化させる柔軟性はおとめ座的なライフスタイルです。しかもあくまで粛々と仕事に徹する現実主義。主人公は命について考えるにつれ「動物や魚を食べることはいいのか」という疑問にぶつかりますが、「おいしいから仕方ない」という現実的な結論を出し、食生活を変えることはありません。自分にとっての現実を第一に考え、その上で変化するところは変化させ、変えないところは変えないという柔軟さがおとめ座のスタンスに通じます。

土星 × おとめ座

真面目さの出しどころに難がある。過剰な責任感と真面目さで、ひとりでは到底背負いきれないものまで背負ってしまう。現実的な処理と割り切りができず苦悩する場合も。引き受けられるキャパシティの限界を自覚すると物事がスムーズに進む。献身性が行き過ぎ、自分のことそっちのけで他者の心配や介入をしてしまう。

てんびん座

風属性

活動宮

てんびん座はふたご座とみずがめ座の仲間である風属性で、知性やコミュニケーションを主な目的とします。柔軟宮のふたご座が変化を好む性質だったのに対し、活動宮のてんびん座は活発に動くことを好みます。活発なコミュニケーション、これは単純に「社交的」と捉えていいでしょう。

同じ風属性でもふたご座ほどおしゃべりではなく、あくまで聞き上手なスタンス。てんびんの名に恥じないバランス感覚の持ち主です。人と人との間を通り抜ける一服の清涼剤のようなエレガントさがあり、これも「社交的」という特性から来ています。要は「他者」というものを常に意識しているということです。てんびんの片方のお皿に自分が乗って、もう片方には他人が乗って、それでつり合いを取る。このスタンスは他者の目から見られることで成り立っています。他人から見て恥ずかしくない自分を意識するあまり、一生懸命さを隠したり、好きなものを素直に好きと言えなかったり、辛いと言

えなかったりするのもてんびん座です。

ありのままに本当の自分をさらけ出すほうが良い、という現代の価値観はいかにも耳ざわりがいいですが、西洋占星術の魅力は、この「本当の自分」という幻想を打ち破ってくれるところにあります。「ありのままの自分が良い」という考え方は、「他人の目を意識する自分」のポジティブな側面を否定していることになります。他人の目を気にするのではなく、堂々とその人の瞳に映りに行くぐらいの意識が、てんびん座の持ち味。ちょっとカッコつけてしまう自分を否定する必要はありません。

月 × てんびん座

無意識に空気を読むのでませて見られ、年上の異性とも対等に付き合える。他者にどう思われるかを本能的に気にするので、連絡の催促などの自己主張ができない。些細なことでも「これをやったら相手はどう思うか」と考える。他人に迷惑をかけられても平気。心を開くことに興味がないのでそこについては悩まない。

太陽 × てんびん座

他人から見た自分を意識するので、どんな物事にもエレガントさ、スマートさを求める。興味がない分野でも「知っておかないと他人と関わるときに不便」という理由で学べるので、結果としてバランスの良い人間になる。平均的な人間であろうとするので、深く関わった人に驚かれやすい。熱意や努力を隠す。

金星 × てんびん座

さまざまな人とまんべんなく付き合える。本心から楽しんでいなくても場を盛り上げることができ、人を惹きつけるテクニックが自然と備えられている。重苦しい愛情を好まず、スマートに相手の反応を受け止める愛。趣味が幅広く、パートナーがハマっているものにもハマりやすい。美に対する意識が高い。

水星 × てんびん座

親しい人との会話でも感情移入せず客観的に聞ける。身内びいきをしない。借金や怪しい誘いはどれだけ親しくても断る。中立的で、広い視野とブレない意志を持った上で他人の話を聞ける。自分とはまったく相容れない主張でも、否定も肯定もせず、ひとつの考えとして尊重できる。大勢の人に対しても公平に対処できる。

木星 × てんびん座

他者との交流が人生を思いもよらない方向に転がす。いい意味で他人の意見に影響を受けやすく、そこから独力では考えられないアイデアが生まれたり、悩みが一気に解決したりする。客観的な目線が人生から悪いものを取り除く。相手に好きな人がいたら自分から引くことで辛さを軽減できる。

火星 × てんびん座

てんびん座にある火星は効力を弱めるとされる。ガツガツすることをカッコ悪いと思ってしまうので、ライバル心を抱えても表には出さなかったり、自分で頑張った結果を低く見積もったりしてしまう。みんなで成功しようという友愛精神と見られることもある。

映画で語る
てんびん座

マイ・インターン

おしゃれでエレガントなてんびん座を理解するのにうってつけな映画です。ファッション業界の女性経営者が、中途採用の初老男性の意見をきちんと取り入れ、会社もプライベートも乗り越える物語。年齢も性別も異なる「他者の視点」を上手に取り入れるバランス感覚と公平さが出ています。男性がハンカチを持ち歩く理由が「女性が泣いたときのため」というのも、常に「他者」を気にしているから。他者のまなざしが気になる人は、その瞳が涙で濡れているかどうかも気遣える。八方美人と形容されがちなてんびん座の美しい部分を描いた作品です。

土星 × てんびん座

若い頃は他者との距離感に戸惑う。人見知りだったり極端に距離が近かったり。人間関係のバランスに悩み、どのグループでも同じ自分でいないと不誠実だと思ってしまう。多くの人と関わることでいい意味での妥協とゆるさを持てる。恐れず人と関わる中で抑制されたたしなみが身に付く。

さそり座

水属性

固定宮

さそり座はかに座やうお座と同じ水属性で、感情や情緒、共感を重視します。固定宮なので動きがない、変化の少ない性質を表します。感情的で固定となると、「執念」や「執着」というちょっと怖いイメージがどうしても湧き上がります。誤解を恐れずにいえば、12星座の中で性質と名称が一番しっくりくるのはさそり座です。

さそり座の執念や執着の原動力は「一体化」の願望です。同じ水属性のかに座は対象と仲間になることが目的ですが、さそり座の目的は同化です。かに座の主語がＩ（私）とＹｏｕ（あなた）だとすると、さそり座はＷｅ（私たち）。それが人であれモノであれ、対象と一体化したいほどの強い追求が、時として執着や執念を生むのです。

この一体化とは、「死と再生」というテーマにも置き換えられます。古い自分が死んで、自分が求めるものと一体化して再生する。単純な物欲とは一線を画すスタンスです。とはいえ、「執着」という言葉の響きはなんとなくネガティブだし、仏教でも捨てなく

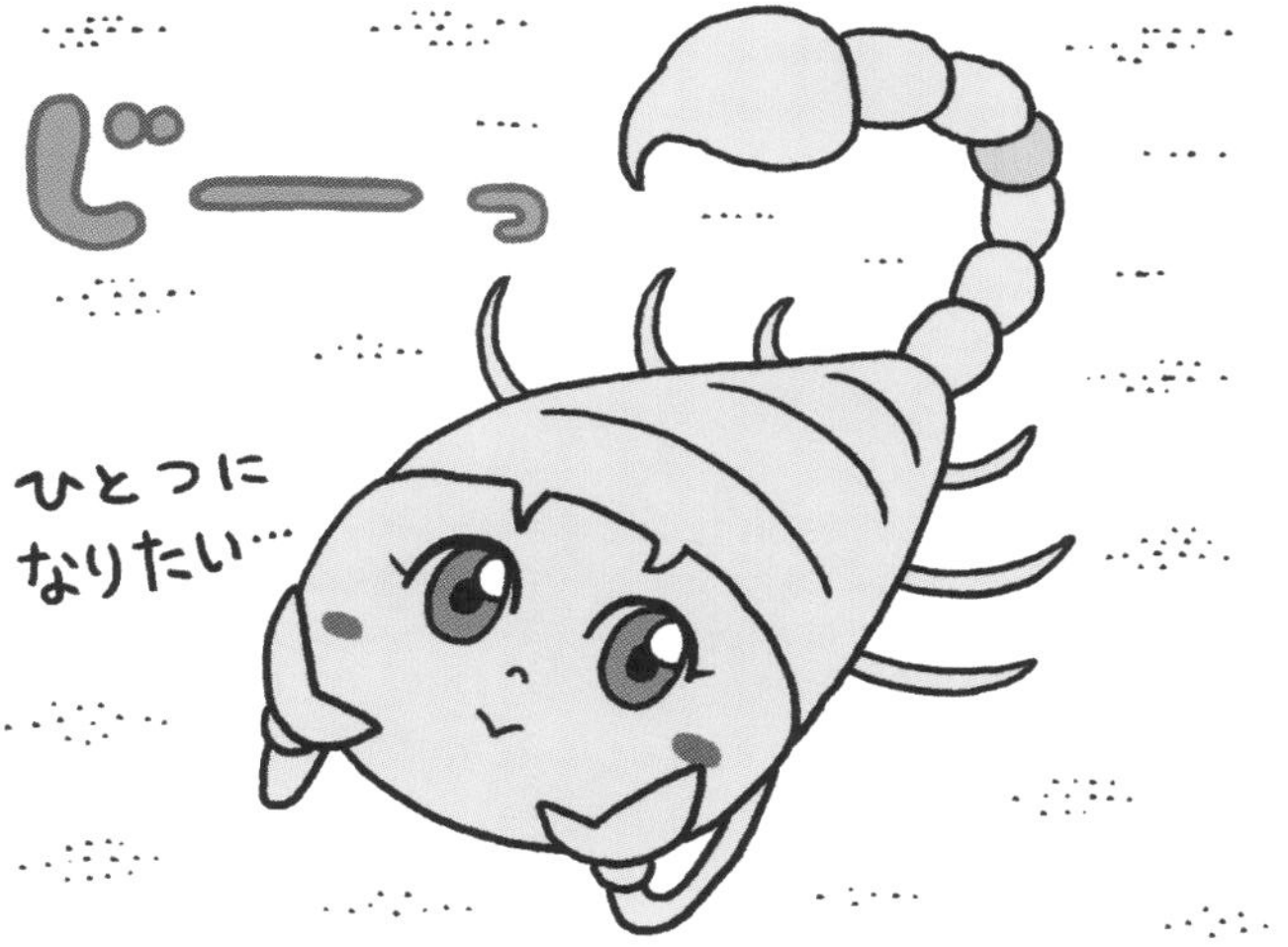

てはならないものとして語られます。

ぼくの経験上ですが、占いの鑑定に来てくださるお客様はさそり座の星を持っている割合が高い印象を受けます。わざわざお金を払ってまで何とかしたい思いは、やはりさそり座的執念を持つ場合が多いのでしょう。諦めなければいけないと分かっているけど諦められない、というご相談をよく受けます。ただ、愛であれ仕事であれ、そこまで強く何かを追求する心は、きっとその人の輪郭を太く濃く縁取るでしょう。一体化したいほどに強い愛は、実は最も相手を思う、優しい愛なのではないでしょうか。

月 × さそり座

裏切られることへの恐ろしさを抱えている。一度心を開いた人から離れられない。自分のプライバシーを硬い殻で包み込み、触れられてもいい場所と触れられてはいけない場所を無意識に分けている。最初に付き合った人と長期的な関係になりがち。

太陽 × さそり座

どの分野においても限界まで極める、手加減しない性格。一体化願望が強く、望んだ人やモノに対しては損得勘定抜きでのめり込んでしまい、外から見ると「何でそんなものにハマるの？」と思われる。人間関係は深く狭いが、何もかもお見通しの関係。オカルトへの興味がある。

金星 × さそり座

非常にディープな恋愛。相手を絶対に裏切らない。遊び感覚で肉体関係になると後々まで後悔する。自分が納得さえしていればどれだけ相手に浮気をされてもついていくが、納得のいかない別れ方をすると、別れた後もその人のことを恨んだり、調べたりする。ペットに過剰な愛情を注ぐ。

水星 × さそり座

寡黙だが洞察力が鋭い。浮気を見抜いたり、別れた相手のその後を突き止めたりできるが、それを相手に突きつけるようなことはせず、静かに握っている。観察力にも優れているので本人も気づいていないウィークポイントを見抜けるツッコミ気質。自分の考えを口にしないが、実は深い考えを持ってはいるので周囲に驚かれる。

木星×さそり座

自分が前に出るよりも、積極的に裏方を務めることで、力の使い方に気づくことができる。他人に深く関わったり、思い入れがある人の力を伸ばしたりすることで、自分自身も恩恵に与かることができ、その結果自分を裏切らない忠実な仲間が増えていく。大きな組織との相性が良く、企業やビッグネームと一体化すると力が増す。

火星×さそり座

火星はさそり座の力を強めてしまう。非常に執念深く、他人から受けた恨みを忘れられない。ただし、暴力的に報復するのではなく、恨みを相手を見返すための向上心につなげることができる。自分が決めたことは不屈の精神でやり遂げる。支配欲が強く、相手をコントロールしようとする。

映画で語る
さそり座

ベイマックス

さそり座的な一体化を描いた作品です。最愛の兄を亡くした少年は、悲しみに打ちひしがれますが、兄が残したロボットがその死をきっかけに起動し、少年に生きる意味を与えてくれます。死は少年から兄を奪ったのではなく、むしろ兄と彼を一体化させたのです。少年は兄が「傷ついた人の肉体と心を救う」ことを目指していたと知り、意志を引き継ぎます。亡くなった兄のことを引きずるのはさそり座的な執着ともとれますが、兄の意志を自分の中に取り入れて、辛い体験からの成長を果たした少年の姿は、さそり座の一体化を体現しているように見えます。

土星×さそり座

他人や対象との関わりの深さをコントロールできない。心を開くという感覚がよく分からないまま大人になることが多く、他者や対象に思い入れを持つことがない。タガが外れてしまうと権力に対して異様に執着するので、年を重ねて組織で成功するタイプ。オカルトなど不確かなものにハマることもあるので注意。

いて座

火属性

柔軟宮

いて座はおひつじ座・しし座と同じ火属性なので、情熱的でクリエイティブ。柔軟宮なので、熱さはあってもおひつじ座ほど激しくなく、しし座ほど目立ちたがりでもない、情熱はあるけどこだわらないタイプです。ふたご座と同じで好奇心は旺盛だけど、より高度なものを求める。しし座と同じ楽しいことが好きだけど、ちょっと遠いところやお金のかかることを志向する。いて座の特徴を本などで見ると「海外・異文化が好き」「哲学や高尚な思想に適性」「恋愛が奔放」など、一見するとバラバラなことが書いてありますが、これらに共通するのは「未知の世界」を求めるということです。

どんなものであれ未知のものに対する興味があって、さらにはそれを深く掘り下げたい欲求もある。海外志向は単に旅行好きということではなく、「より広い世界を見たい」という希求です。哲学好きは、現実世界から精神世界へと心が移動したということ。恋愛が奔放なのは、いろんな人と恋をしたいという単なるモテたい欲求とは一線を画す場

合が多いです。損得や実用性より、「知らないことを知ることができた」ことに満足します。いて座が放つ矢は、的に命中させるためでなく、それがどこまで遠く飛んでいくかを見るため。「自由でいいですね」と言われてしまういて座の方にとって、何らかの理由で行動を阻害されてしまうことが何より辛いはず。誰に何と言われても、水や空気を摂取するように、自由なことをする時間を確保してください。いて座の星を持つ方は、どんなに堅実な生き方をしていても、心のどこかで自分に「旅」をさせる余裕を持つと、閉塞感の打破につながるでしょう。

月
×
いて座

距離を詰めるのが早いが、嫌な感じがしない。相手に熱を帯びさせるのがうまい。フランクでどことなく欧米的なムードを感じさせる。好きなものや落ち着くポイントも欧米風。外国で暮らし始めるとなぜかしっくりくる。自分の育った文化圏ではない人との交流や恋愛の方が素の自分を出せる。

太陽
×
いて座

知的な好奇心が強く、ひとつの目標を叶えたらすぐ次に行く執着のなさ。自由で縛られたくないが周りにもそれを求めない。人生は旅のようなもので、基本的には「何とかなる」という楽観的なスタンスが相手によってはだらしないと思われることも。開放的で大胆。海外での人生の適性。

金星
×
いて座

逃げられると追いかけたくなる恋愛。セクシーさ、色気を大っぴらに出し、大胆だがいやらしさがない。ボディタッチや甘え方がうまいので、異性を勘違いさせてしまう。自由で柔軟な恋愛をモットーとするので、肉体関係から始まる恋もOK。

水星
×
いて座

ため口で話しても許されるキャラクター。飾らないコミュニケーションが親しみを呼ぶ。基本的に人を疑わず、ポジティブな解釈をする。機関や組織で教育を受けていなくても、自分の興味で知性を獲得していく。洋画、洋楽、ダンスなどの明るい欧米文化を吸収する能力が高く、仕事にできる。読書が好き。

木星×いて座

楽観的であることが可能性を広げてくれる。基本的に善意に恵まれた人生。異文化や旅が人生を広げるキーワードで、人生の中盤から海外からの恩恵を受けたり、自分が取り入れなかった思想が収入を増やしたりする可能性。語学や哲学との相性が良く、学生時代にものにできなくても大人になってから習得できる。

火星×いて座

スポーツマンシップのように健全な闘争本能で、ライバルや高い目標を持つと伸びる。負けず嫌いだが戦い終えたらノーサイドの精神。戦いながら強くなるタイプ。自分に自信があるので、つい挑発的と捉えられる行動をしがち。年齢や立場が上でも遠慮なく攻め込んで評価される生意気な魅力。独自の哲学に心を燃やす。

＼映画で語る／
いて座

塔の上のラプンツェル

主人公は塔から見える灯りの正体を確かめるために旅に出ます。彼女は知的欲求が強く、読書や絵を描くのが大好きですが、芸術家肌というよりは自分の世界を広げたいといういて座の気持ちです。作中の曲は『誰にでも夢はある』。強面の盗賊たちがピアニストやインテリアデザイナーになりたいという夢を歌い上げます。彼らは現実的な成功や名誉ではなく、夢に向かう自由さを歌っています。これは灯りを探して外に出る主人公の気持ちと同じ。知的好奇心こそが自分を狭い塔の中から解放してくれるという、いて座的なメッセージが伝わってきます。

土星×いて座

フランクな態度を出すまでに時間がかかる。善意や感謝の気持ちを持っていても、相手に伝えるときはたどたどしくなる。他人の善意や救済を信じることができない。距離感の縮め方が分からないまま人や組織との関係が終わる。未知のものに対する警戒心が強く、興味を持ってもつい慣れ親しんだことに逃げてしまう。

やぎ座

土属性

活動宮

土属性のやぎ座は、現実主義で安定志向。形として残るものに価値を見出します。活動宮なので自ら動いていく性質です。活発な現実主義、上昇志向や名誉欲が強い人がイメージされます。行動力はあるけれど、あくまで冷静で功利主義。計算に基づき、利益のために動きます。組織の中で駆け上がり、リーダーの座を奪取するタイプです。既存の価値観を認め、その枠組みの中で勝負するので、保守的とか古風とか称されます。物質主義ですが、贅沢をするためではなく、自分の仕事が社会的に評価されたことを可視化する基準としてお金を捉えています。「褒められたい」という承認欲求ではなく、社会に認められたいという強い意志です。そのためにやぎ座は仕事一筋になりがちです。

それは愛情表現においても同じ。心を込めた手作りよりも、高価なプレゼントを贈りたいタイプです。もらった相手が物理的に豊かになるのは高価なプレゼントのほうだし、そのためのお金を稼ぐには手作り以上の時間がかかるかもしれない。これがやぎ座なり

の現実的な真心です。

ただ、現実主義が行き過ぎると、すべてに意味や意義を求める窮屈さを自らに課してしまうことにもなります。趣味もお笑いというやぎ座の先輩芸人は本当に仕事に熱い方なのですが、休日は「自分が必要とされていない」と感じて楽しめないと言っていました。

やぎ座の方は持ち前の計画性とストイックさで、長期的に取り組める趣味や学びなど、実利主義を発揮できるもう1本のラインを人生に走らせてみてください。人間味を兼ね備えた真のリーダーになり、仕事にも還元されるでしょう。

月 × やぎ座

行動を起こすことを明確に決心するまでは、自分の感情を口にしない。他人に甘えられず、すべて自分の責任として背負う潔さがあるが、行き過ぎるとストレスになることも。無意識に他人の存在や今自分がいる環境の価値を値踏みしてしまう。

太陽 × やぎ座

どの分野においても野心的で社会的な達成感を重視する。飾りっ気がなく、あるとすれば自分の達成の証として置いておきたいだけ。目的を達成する自分なりのルートを邪魔されることを嫌うので、ストイックな魅力があるが、遊びが足りないことも。既存の価値観で成功、達成を図るので伝統的と評される。

金星 × やぎ座

言葉や感情よりも行動で見せつける愛。高価なプレゼントやステータスを与えることで、それだけの対価を払う価値があることを示す。女性の場合は、パートナーの仕事や目的達成のためなら自らの欲求を抑制できる古風で静かな愛になる。年下の男性に好かれやすい。

水星 × やぎ座

簡素で利益追求型の思考回路。コスパ重視。要点をまとめて必要なことだけを述べるので簡潔。相手の言葉もそのまま受け取ってしまうので、冗談や愚痴を真面目に聞き過ぎてしまうことがある。成功するための思考法や会話のパターンをいくつか持っていて、そこからはみ出ることを嫌う。

木星×やぎ座

ストイックさを必ず誰かが評価してくれる。物事を始めた当初に抱く上昇志向と熱量を長く維持できる。社会的な評価が、収入や肩書きという目に見える形で年々上向いていく。回り道の中で手に入れるものが多い。茶道や華道など、古風なものや伝統が人生に新たな可能性を与えてくれる。

火星×やぎ座

仕事や目的達成のためなら前に出るタイプ。プライベートと人前とで態度が全然違う。ストイックな努力を続けることができる。派手ではないけれど強い情欲。女性の場合、男性に仕事ができることを過剰に求め、自分を超えてほしいと思う。

映画で語る やぎ座

ドリーム

60年代の黒人女性が差別と闘う物語ですが、感情を描くヒューマニズムではなく、実際にどう差別を撤廃させたかに焦点が当てられています。主人公は自身の働きによって職場での地位を確立し、「仕事の邪魔だから」という実利を理由に数々の差別改善を申し立てます。功利主義による地位の向上というやぎ座的な目的達成です。学歴を得るために裁判で通学権を得るなど、既存のシステムの中で戦う姿勢もやぎ座らしい。自分のために貫いたことが、結果として周りの環境も良くするという、働き過ぎのやぎ座さんをさらに働かせてしまうような映画です。

土星×やぎ座

社会的ステータスや達成の扱い方に手間取る。プライベートの幸せよりも社会や世間を考えてしまったり、社会的ステータスのために頑張ることに気が引けてしまったり。やぎ座は土星を強めるサインなので、度を越してストイックになることも。

みずがめ座

風属性

固定宮

風属性らしく、知性やコミュニケーション、多様性を大切にします。固定宮なので、動かさない、変化を好まない性質を帯びています。風なのに動きが少ない、ちょっと想像が難しいですよね。みずがめ座の星を持つ方は、自分の中に普遍の多様性を持ってい て、世の中がどうであろうと自分の思想を貫く、知的な頑固さがあります。世の中の流れや利益に迎合しない革命家のような一面があるのです。「相手や社会がどうであれ、自分の思想はこれです」と宣言するのがみずがめ座です。ただ、これを相手にも認めるから、自分の正義を押し付けることはしません。それゆえ友愛、博愛、平等というイメージが宿りますが、これは「各自の責任のもと、好きに生きるべき」という、実は厳しい考え方です。厳しさを他人にぶつけないから優しく感じられるだけで。

みずがめ座は「自由を求める」ともいわれますが、これはヒッピー的な自由ではなく、戦って勝ち取る革命家の自由です。既存の価値観を壊すというより、既存の価値観に自

分を押し込もうとする者と戦います。多くの占い本で変わった人扱いを受けますが、これは周りに迎合しないということです。みずがめ座の星を持っている方はそんな独特な自分をうまく社会に打ち出しているのですが、例えば土属性が多めで金星だけがみずがめ座の場合、社会常識に沿って生きているのに、恋愛だけ変わっている（もしくはそもそも人を好きにならない）といった葛藤を抱えていることがあります。みずがめ座の星を持つ人は、その星が司る部分では自分のルールに従うしかない、ということを決めてしまっても良いのかもしれません。

月 × みずがめ座

価値観を共有することが難しいので、他者との情緒的な絆を作りづらい。初対面の人にも長年付き合いがある人と同じように接する。ひとりの時間が大切で、たとえ恋人であっても浸食されることを拒絶する。一見冷たく感じられるが、公平を尊ぶ心であるがゆえ。依存的な生き方はしない。

太陽 × みずがめ座

どの分野においても、決まりきった慣習や社会の常識を覆す意思を発揮する。上に媚びることも下を威圧することもない爽やかな振る舞いだが、言い換えれば相手の立場に迎合しない厳しさを持つ。自分で決めた価値観や目標への道のりを他人に侵害されると闘いも辞さない。さまざまなネットワークや科学技術を使いこなす。

金星 × みずがめ座

遠距離恋愛や、長期間「友だち以上恋人未満」の関係が続くなど風変りな恋愛になることが多い。恋人以外に親密な異性がいる場合も多いが、それは性欲や承認欲求によるものではなく、恋愛も人間関係のひとつとしてフラットに考えるため。趣味が仕事になったり、技能的に向上したりする。

水星 × みずがめ座

会話に感情を入れないので、周囲には冷たい印象を持たれるが、何事もニュートラルに考えるスタンスがゆえ。自分のことを客観的に見ているので、自分の思想は強いが相手に対する理解力がある。IT 技術や SNS を活用して仕事や人脈が増えるので、直接のコミュニケーションに親密さを必要としない。

木星 × みずがめ座

対人関係に上下を作らないフラットな態度に可能性がある。ネットワークで顔の見えない人と何らかの大きなムーブメントを起こす。電子機器やSNSなどのテクノロジーに自分の発展性が隠されている。属している組織の方針とは異なる分野に可能性。「あいつには何を言っても聞かない」とうまく思わせることができる。

火星 × みずがめ座

衝動的な自分を前面に押し出すことは基本的にないが、社会的なルールに従わされると激しく反発する。情熱に損得を絡めず、自分の思想に合わなければどんなに価値の高いものでも見向きもしない。浮気やお金の貸し借りなど社会通念上悪いとされていることでも、自分が許容しさえできれば気にしない。

映画で語る みずがめ座

ブラックパンサー

アメコミのヒーロー映画でありながら、アカデミー賞候補になる快挙を成し遂げた作品。アフリカの架空の国の国王である主人公が戦う敵の目的は「黒人の開放」。敵は同胞である黒人が差別されているのを見て、この世界を変革するためにヒーローと対立します。SFアクションでありながら、現実の問題を扱ったこの作品が目指した革新は、映画の中だけに留まりません。ホワイト・ウォッシュが問題となる中でアフリカ系の人々が制作にあたって既存の価値観と戦い、商業的な成功という勝利も掴み取ったみずがめ座的な革命を起こしたといえるでしょう。

土星 × みずがめ座

個性的に生きるために勇気や鍛錬が必要。自分らしく生きている人にコンプレックスを感じる。ただし、そのことから逃げ出したり社会と迎合したりせず「らしさ」についてきちんと悩む。若い頃は常識的な社会に飛び込んで普通に生きようとするが、後にどうしてもそこで生き抜けない自分に直面することがある。

うお座

水属性

活動宮

水属性で柔軟宮のうお座は感受性や共感性が高く、自己主張が少なく、変化しやすい性質を持ちます。水が柔軟というのはイメージしやすいですね。共感性が高くて変化しやすい。ともすると、これは「優柔不断」と言い換えられます。

うお座には相手に取り込まれてしまいたいような願望があります。かに座は仲間になりたい、さそり座は合体したい、うお座は相手（または対象）になってしまいたい、みたいな感じです。その根底には繊細さと慈愛の心があります。相手の心が分かり過ぎた結果、相手に寄り添いたいと考え、最も深く寄り添うには相手そのものになってしまうことを選ぶような、無私のホスピタリティがそこにはあります。

共感性の高さは、音楽や絵画など芸術の適性にも関わってきます。強烈な自己表現ではなく他者への共感が主体になった創作なので、自然と人の心に沁み渡ります。相手の気持ちが分かるうお座は、無意識のうちに人々の「あるある」を見つけてしまっている

それいいなぁ
私もそれにする
スーイスィ
あ、それもいいなぁ…
そっちにしようかなぁ

のかもしれません。そんなうお座だからこそ、星のバランスによっては悩みの種になることも。例えば金星だけうお座だと、見込みのない恋愛を終わらせられず葛藤が生まれます。優しさと優柔不断は表裏一体。仮に「ダメだなあ」と思う恋愛を終わらせられないときは、「自分の意志でダメな恋愛を楽しんでいる」と意識すれば、「終了ボタンは自分が持っている」と思えるのではないでしょうか。

　どの星座もそうですが、「自然体だとそのシーンではそのサインを演じてしまう」ことを覚えていただけると、自分の物語を生きやすくなるかなと思います。

月 × うお座

相手の気持ちばかりを考え、自分の意思がおろそかになりがち。無意識のうちに相手に深く感情移入してしまい、いつの間にかそれが日常になってしまうので、他者に依存されやすい。結構ひどいことをされていても、第三者に指摘されるまで気がつかない。優し過ぎて争いに向かない。

太陽 × うお座

共感性が高く、他人に影響を受けやすい。大事なことは人に決めてもらったほうが自分らしくいられる。それは相手を受け入れられる柔軟さの表れでもあり、本人の優柔不断さでもある。慈愛の心を持っており、寄付やボランティアの適性がある。自分の辛さを人前で口や態度に出さない。

金星 × うお座

情に引っ張られてしまう恋愛。ダメだと思っていても相手がかわいそうで引っ張られてしまうのでダメ男・ダメ女製造機と呼ばれることも。誘われるとついつい断れない。興味のない異性ばかりを引き寄せてしまう。セフレやホストにハマってしまう。本人は性欲が強くない場合が多い。

水星 × うお座

優しく共感性にあふれた相づち。打ち解けやすく癒やされるトーンで話すので、つい聞きたくもない愚痴を聞かされることがある。呑み込みが早く、抽象的なことでも直感的に理解する。共感性が強く、話しながら泣いてしまうなど、感情がコミュニケーションにダイレクトに表出する。

木星 × うお座

　中年以降、ホスピタリティ精神にあふれる。これまで見過ごしてきた不正や、困っている人を自分の手で何とかしたいという意欲が、人生に辛さよりも張りを与えてくれる。年を重ねるにつれて優しさを発揮し、救われた人からの評価が積み重なっていく。自己犠牲の精神で、自分のわがままを緩和させることができる。

火星 × うお座

　自分の意志が分からなくなってしまう。何が欲しいか、何を目指すべきかがぼやけてしまい、流されるままに生きてしまうが、それが適していることもある。優柔不断な相手に過剰に入れ込んでしまったり、相手の弱さに性的魅力を感じたりしてしまう。絶対に触れてほしくないタブーを抱える。

＼映画で語る／
うお座

エターナル・サンシャイン

　恋人と別れた主人公は、そのつらい記憶を消すために記憶除去手術を受けます。しかし彼は自分で受けると決めたその手術に無意識下で抵抗しています。自分の人生の一部を他人を忘れるために消すという決断は、主人公がいかに他人に影響を受けやすいかの表れだし、土壇場での抵抗は優柔不断さを表しています。即断即決のスパッとした性格の方にはメソメソして映るかもしれません。ですが、理屈では割り切れないところにうお座の繊細さが表れていると思います。幻想的な映像のテイストも、うお座のアーティスティックな感性とマッチしています。

土星 × うお座

　自分の中の優しさや慈愛の心を使いこなすのに時間がかかる。情けをかけるべきでない人との情を断てなかったり、逆に子供や親しい人に対する自分の愛情に自信が持てず過度に自分をひどい人間だと思い込んだりしてしまう。優しくない自分を過剰に恐れてしまうので、ひとりで悩む時間も多い。

column アングルについて

ホロスコープには、アングルと呼ばれる4つの大切な点があります。1ハウスの始まりであるアセンダント（ASC）と7ハウスの始まりのディセンダント（DES）、ホロスコープの頂点である10ハウスの始まりのミディアム・コエリ（MC）と基盤である4ハウスの始まりであるイマム・コエリ（IC）の2本の軸です。

DESのサインは関わる人の傾向、MCのサインは向いている職業、ICのサインは家のテイストを表します。中でも重要なのがASCで、あなたが持つ雰囲気やオーラを決めます。太陽が「生き方」なら、ASCは見た目の「印象」です。ASCは仮面のようなもので、自分からは見えないので、大抵は無自覚です。

アングルはハウスのスタートラインと重なりますが、ハウスとサインの区切りにはズレがあるため、アングルと同じハウスにある惑星でも、アングルとはサインが異なることがあります。ぼくのASCはさそり座ですが、1ハウス自体はさそり座といて座にまたがっていて、1ハウスの惑星はすべていて座にあります。その場合、惑星はいて座の性質で、ASCはさそり座で読みます。

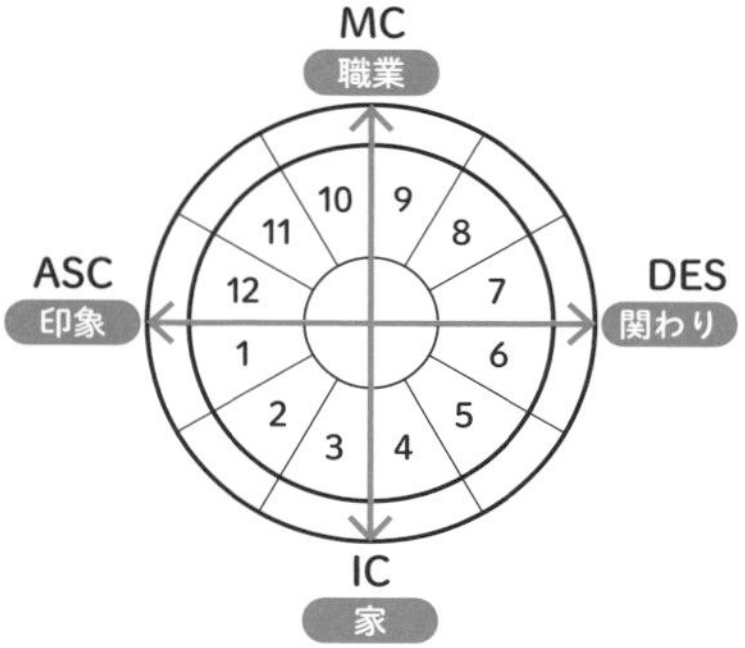

※サインの区切りと、ハウスの区切りが同じになるとは限りません。
ここでは分かりやすくするため簡易的に描いています。

第4章

ハウス

ハウス―キャラが輝くシチュエーション―

ここまで、惑星というシーン、星座（サイン）というキャラクターを学んできました。サインの性質を帯びた惑星は、あなたの人生のどの場面で輝くのでしょう。ここからは、ハウスという「シチュエーション」を読んでいきたいと思います。

「真面目な愛情」というおとめ座の金星を持っているとして、それが最も輝く「現場」は、仕事場なのか、結婚生活なのか。どのシーンでどんなキャラクターを、どこを舞台に演じるのか。惑星とサインに、このハウスまでが加わって、あなたの物語ははじめて立体的になります。それを複雑になったとか、難しくなったと思わず、解釈の幅が広がった、自由度が増したと思ってください。おとめ座の金星が、お金を意味する2ハウスにあったとして、それは「お金を真面目に愛する」とも読めるし、「真面目な愛情でお金を稼ぐ」とも読めるのです。惑星、サイン、ハウスと3つの要素が重なれば、当然解釈も多様化していいはずです。

各ハウスが司る概念の解釈が、個人や時代によって変わってくることも考慮しなくてはなりません。例えばぼくはお笑い芸人なので、「笑いを取る技術」はお金のハウスと結びつきますが、多くの人にとっては、コミュニケーションのハウスと結びつきます。社会が成熟するにつれ、インターネットやSNSなど新しい場所が生み出され、ハウスが表す意味も日々アップデートされています。あまり正解にこだわらず、「スイーツ食べ放題ってきっと○ハウスだよね！」みたいに、ハウス当て選手権で遊ぶくらいの気持ちで臨んでみてください。

そもそも、ハウスは生まれた時間が分からないと正確に出すことができません。さらに、ホロスコープの出し方にはいくつかの方法があり、どの方法を使うかで、ハウスの出方が変わります。生年月日で割り出せる惑星やサインに比べて、ハウスは「柔軟に読んでいい」ということを念頭に置いてほしいと思います。

ちなみに、「惑星がひとつも入っていないハウスはダメなハウスなの？」とよく聞かれます。そもそもハウスが12個あるのに対して惑星が10個しかないのだから、星のないハウスは必ず生じます。星がないハウスは「人並み」くらいに思ってみてください。

1ハウス

―キャラクターと自我―

シチュエーションと言ったそばからキャラクターの話をするんかい！　とツッコまれそうですが、1ハウスはキャラクターが輝くハウスです。どんなシチュエーションの舞台にいようとも、金星が1ハウスにある方は金星キャラが、火星が1ハウスにある方は火星キャラが輝き、周囲の人にその惑星のキャラクターを印象づけます。

同じように「キャラクター」と説明した太陽（↓32ページ）と混同しやすいところですが、太陽はその人の人生の目標であり、生き方。1ハウスは外側から見たイメージや第一印象になります。占星術研究家の鏡リュウジさんは「太陽はエンジンで、1ハウスは外観」と車に例えてくれました。映画でいうなら、「太陽はジャンルで、1ハウスはポスター」かなと思っています。ぼくが映画のタイトルを聞いてパッと思い浮かぶのは、ポスターのビジュアルです。メインではない1シーンを切り取っただけで、その映画の雰囲気をしっかり伝えてくれるポスターもありますよね。『時計仕掛けのオレンジ』や

どこにいても1ハウスにいる惑星のキャラを生きる!

『シャイニング』のポスターは、情報量は多くないけれど、作品のイメージを雄弁に語っています。

一方、１ハウスに太陽がある場合は、周囲からの印象とその人の生き方が一致しているということです。サインのキャラクターを生きることが、人生の目的と直結することになります。タイトルとビジュアルだけで、映画の内容まで分かるポスターみたいです。ぼくは芸人をたくさん占いますが、１ハウスに星がある人は、飾らないその人自身の魅力で笑いを取っていたり、子供の頃からクラスの中心だったりする人が多いです。

月 × 1ハウス

親しみやすい癒やしキャラ。初対面の相手をリラックスさせる雰囲気があり、仲間意識を持たれやすい。相手の緊張を自然と解きほぐし、聞き上手で相手に合わせることができる。人たらしで、誰もがついつい頼ってしまう。本人は理屈よりも感情が先に出てしまうのだが、感情的なイメージは持たれない。

太陽 × 1ハウス

星座のキャラクターそのままの人になる。キャラクターと生き方が一致するので、自分から自然に放たれる魅力が人生を切り開く。生まれながらにして目立つ人が多い。自分の個性やライフスタイルを見せることが収入にもつながる。個性が強く、自分を曲げることが難しい。結婚してからも自分流を貫く。

金星 × 1ハウス

愛嬌とかわいらしさが前面に出るキャラクター。顔立ちを問わず引き込まれる雰囲気をまとっていて、いわゆる華がある人。おしゃべりに頼らない社交性で、人気者になりやすい。毒舌をふるってもなぜか憎まれず、許されてしまう愛されキャラ。ピンチでも笑顔でいればなんとなく乗り切れる。柔らかく丸みを帯びたイメージ。

水星 × 1ハウス

頭の回転が早く、おしゃべりな人というキャラクターが際立つ。説得力があり、話し方や話す内容と人物像が合っている。言いたいことは我慢しない。年齢や性別、職業や肩書きを問わず、さまざまな人とフラットに付き合うことができる器用さがある。ちゃっかりしていて憎めない。誰とでもうまく付き合える賢さを持つ。

木星 × 1ハウス

頼りがいがある、おおらかで温かみがあるキャラクター。普通にしていても人が寄ってくるし、無私の気持ちが巡り巡って自分に返ってきやすい。困ったときには誰かが何とかしてくれる。人を疑わないし、損をしても気にしないポジティブさがある。厄介なことを背負っても悲壮感が出ない。基本的にラッキー。

火星 × 1ハウス

闘争心があらわになるキャラクター。時として怒りっぽい。肉体的に強そうな見た目ではなくても、周りから怖い印象を持たれる。執念深さがにじみ出る。常にファイティングポーズを取っている雰囲気で、喧嘩上等。ライバルを作って負けないように切磋琢磨する。陰であれこれ言うくらいなら面と向かってぶつかるタイプ。

＼映画で語る／
1ハウス

フォレスト・ガンプ／一期一会

知能にハンディキャップがある純粋な青年フォレストがさまざまな人と関わっていく中で、周りの人たちは彼から影響を受けていきます。物語は彼の独自の視点による一人称の語りで進められていきます。個性的な人物を客観的な視点で第三者が語る作品は多いけど、個性的な人物が個性的な視点で語る映画は珍しい。飾らない自分らしさを生きているだけで、周りがさまざまなものを受け取る「無自覚のまま他人に与える印象」という1ハウスを表した映画だと思います。フォレストの1ハウスにはいろんな惑星があったんだろうな、と想像したくなります。

土星 × 1ハウス

ストイックなキャラクター。周囲からも自分に厳しい人だと思われる。自分を過小評価していて、「もっと優れたい」「もっと強くなりたい」という思いを抱える。若い頃は何度も浪人するなど、自分の実力に納得がいかず、自己研鑽を続けることをいとわない。大器晩成型で、最初に自分が目指した生き方と少しずれても形になる。

2ハウス　―仕事とお金―

2ハウスは、多くの人にとって関心の高い「金運」を司ります。といっても、宝くじのような一攫千金のお金ではなく、仕事で得るお金の運です。仕事で得たお金は「能力を使った労働で得た対価」なので、シチュエーションとしては「お金を得る才能を発揮する舞台」といえます。2ハウスに入っている惑星からは、どんな才能を使ってお金を得るのか、得た財産をどのように扱うかなどの価値観が分かります。才能に合った仕事をしてお金がもらえるハウスなので、仕事運の流れも読むことができます。

仕事に関するハウスには、6ハウスと10ハウスもあります。「今年の仕事運はどうですか？」と聞かれたときは、その年の2・6・10ハウスのどこかに木星が入っていたら幸運と読むのですが、同じ仕事運でもこの3つは異なる読み方をします。

2ハウスは他のハウスと比べて才能と対価が直結したハウスです。そのため、幸運期には2ハウスにある惑星の司る能力が上がり、その結果としてお金が増える、というふ

2ハウス
お金を得る才能を発揮する舞台

うに読みます。金星がある美容師さんなら美的センスが上がる、火星がある営業さんなら積極性が増す。その結果として収入が上がるということです。

もちろん、ここに星が入っていないからといって、何も才能がない、ということではありません。その場合は、2ハウスのスタートライン（カスプ）がどのサインにあるかを見てみましょう。カスプの入っているサインの特徴を活かした「お金を得る才能」があるという見方ができます。2ハウスに限らず、惑星が入っていないハウスは、カスプのサインに注目して読んでみてください。

月 × 2ハウス

お金を稼ぐことや、お金で手に入れた豪華なものに囲まれることで安心感に包まれる。自分に対する不安は、仕事をして「お金を稼げる自分」と見なすことで乗り越える。気をつけないと浪費癖につながりやすい。他人の贅沢に敏感で、自分よりも物質的に満たされている人を羨ましく思う。

太陽 × 2ハウス

仕事に生きる人生。自分の才能でいかに対価を得るかに重きを置く。お金の大切さをきちんと理解しており、貪欲に稼ぐことに偏見を持たない。お金を稼ぐこと自体に興味があるので、贅沢なものを買ったとしても、それは仕事をした証でしかなく、感性を満たしているわけではない。夢や理想をお金にする方法を考えられる。

金星 × 2ハウス

お金を稼ぐことが好きで、使うことも楽しい。バーや雑貨店などのお店を本業とは別に趣味で経営することも。豪華で美しいものを好んで購入し、時計や家具などでも高価な所持品を身に着けたり所有したりする。好きなキャラクターのグッズで部屋を埋める。芸術性や女性らしさなど「美」に関する資質が金銭につながる。

水星 × 2ハウス

情報を活かして稼ぐなど、お金につながる知識の引き出しが多い。コミュニケーションやおしゃべりが金銭を得る資質となることもある。ビジネス系の動画を視聴して情報を収集することがあるが、知識を財産だと考えているので、情報を無料で与えたり与えられたりすることには抵抗を感じやすい。

1ハウス
2ハウス
3ハウス
4ハウス
5ハウス
6ハウス
7ハウス
8ハウス
9ハウス
10ハウス
11ハウス
12ハウス

木星 × 2ハウス

金運に恵まれる。特に頑張らなくても自然とお金が入ってくる(特に中年期以降)。気前よく使っても、そのぶんどこかから戻ってくる。お金について考えることが人生の可能性と自身の資質を広げてくれる。爆発的な大儲けではなくても、毎年着実に収入が上がる。年を重ねると、資産運用など新たな収入の流れができる。

火星 × 2ハウス

お金や収入の乱高下が激しい。いっぱい稼ぐけど、同じくらいすぐに使ってしまう江戸っ子気質。欲望が強く、値段を考えずに物を買ったり近距離でタクシーを使ったりしてお金が残らないなど、経済の管理があいまい。ギャンブルや投資など形の残らない使い方をする。貧しい生活から一気にお金持ちに這い上がることもある。

\映画で語る/
2ハウス

魔女の宅急便

『魔女の宅急便』は自分の才能をどう対価と結びつけるかという「仕事」についてを描いている映画としても観ることができます。魔女として独り立ちすることを夢見るキキは、その生活費を自身の空飛ぶ力を使った宅急便の仕事で稼ぐことを決めます。住み込みのパン屋さんの手伝いをする道を選ばず、自分のオリジナルな資質で対価を得ようとするキキは2ハウスを生きています。好不調の波があり、魔法の力がなくなって空を飛べなくなったら商売あがったりのキキの姿を大人になってから観ると、頑張っている個人事業主の姿と重なります。

土星 × 2ハウス

金銭に関してシビア過ぎる感覚。若い頃にお金で苦労することが多く、お金を失うことを過剰に恐れる。ここぞというときにもったいない精神に足を引っ張られてしまうことがある。ケチな部分は、後に堅実さとなって表れることも多い。年を重ねるにつれて現実的な金銭感覚に助けられることもある。

3ハウス
―知識とコミュニケーション―

ひとつのハウスには解釈によっていくつかの意味が割り当てられますが、3ハウスは特にいろいろな意味を持つハウスです。基本的には「知識」や「コミュニケーション」の場として読んでいますが、それ以外にも「初等教育」「近所」「兄弟」「メッセージ」といった、一見するとバラバラの意味があります。3ハウスが表すのは、全体的に「広く浅い」とか「手の届く範囲」のような意味合いです。自分にとって近いところ全般という感覚です。本によっていろいろな意味が書かれていますが、それは解釈が分かれているというよりも、内包されているものがたくさんある、みたいなことです。「学校」が舞台と一口にいっても、部活も不良の喧嘩も登下校での告白もある、みたいな。そんな3ハウスに星がある人は、やはりマルチで器用、何でもできるタイプの人が多いです。

いろいろなことを学んで、いろいろな人とおしゃべりして、ちょっとずつ新しい情報を蓄えて自分をアップデートする。3ハウスの魅力はそんな旺盛な好奇心にあります。

枝がたくさんあるアンテナの木みたい

漫画『ぼのぼの』で、木に登れないぼのぼのにアライグマくんのお父さんが「できなかったら別のことをやれ」と言ってくれますが、ぼのぼのは「一生何もできなくて別のことばかりやってたらどうなるの？」とさらなる疑問を投げかけます。するとアライグマくんのお父さんは「それも悪くない。枝ばっかりある木みたいなもんだ」と言ってくれます。ぼのぼのはあちこちに伸びている枝を利用してはじめて木に登り、見たことのない景色を見ます。いろんな人やモノから知識を受け取って、自分の枝を伸ばすための場が３ハウスです。

月 × 3ハウス

とりとめのないおしゃべりが心を落ち着かせる。ころころと興味が変わる。ひとつのおしゃべりが終わらないまま次の話題に移る。好奇心旺盛だが、深く掘り下げない。立ち読みやザッピングなど、雑多な興味を満たしているとリラックスできる。子供の頃の思い出話が豊かで、昨日のことのように話せる。

太陽 × 3ハウス

多芸多才で、何でも器用にこなすが、ひとつのことを突き詰めようとする執念はない。流行を取り入れようという柔軟さがある。広く浅く手を出すが、すぐにやめる潔さも持つ。常に何かを学んだり計画を立てたりしていないと輝けない。コミュニケーションが上手。他人と交流することで自分の新たな面を開発できる。

金星 × 3ハウス

音楽や映画、アニメなどエンタメの趣味が豊か。広く浅いが、どのジャンルでも好き嫌いなく取り入れられる。未知のものを好きになる。自分の家の近所に愛着があり、手の届く範囲での美食や名物などを探索する。地域のお店に詳しい。他人に薦めることが上手で、映画でも食べ物でも、この人が語るとグッと興味が湧く。

水星 × 3ハウス

頭の回転が早く、話術がずば抜けて優れている。熱量はないのに説得力があるので、相手が丸め込まれてしまう。情報収集に長け、いろいろなものに詳しい。SNSの更新がマメで、自分の思いを言葉で表現したり、他人と活発にやりとりをしたりする。散歩や回り道が好き。大切な話を歩きながらすることがある。

木星 × 3ハウス

いくつになっても勉強をすることで、人生の可能性が広がる。研究や思想ではなく、広く浅い知識を、学生のようにいつまでも摂取し続けることができる。知性が名誉につながりやすい。近所や隣人など、近い距離にいる人から恩恵を受けることがある。近隣の年長者との交流は特に吉。

火星 × 3ハウス

コミュニケーションに熱が入り、しばしば他人を言い負かしたり、文句をつけたくなったりしてしまう。ひとつ言われると10言い返してしまい、それがトラブルにつながることも。相手に気持ちを伝えたくなったら追いかけてでも絶対に届けたい。近しい人にライバル意識があり、それが噴出してぶつかることもある。

映画で語る

3ハウス

マダム・イン・ニューヨーク

『マダム・イン・ニューヨーク』は、インド人女性が英語のコンプレックスを克服するためにニューヨークで英語を学ぶ物語ですが、学びとそれを通じたコミュニケーションが人生の中で何を与えてくれるのかを描いています。主人公はインドに家庭を持つ主婦で、英語を学んだからといって世界に羽ばたくわけではありません。あくまで軸足はインドの家庭に置きつつ、興味のあるものを学んでみる。その結果、自分の能力が少しだけ増えて、少しだけ世界が広がる。3ハウスの朗らかさを感じられる映画です。

土星 × 3ハウス

コミュニケーションに自信がなく、言いたいことが言えずについ貧乏くじを引くことがある。年を重ねるにつれて自分の気持ちを言語化することが楽になる。勉強に対して苦手意識を持っているが、「やればできる」という場合が多い。若い頃に学び残したことを、大人になってインプットする機会がくる。

4ハウス

―ホームと基盤―

4ハウスはその人が根っこを張る場所を表します。「家」と読むこともももちろんできますが、それ以外でもその人が「ホーム」と感じる場所のことを広く表しています。Where is your home? という英文は「あなたの家はどこですか?」とも訳せますし、「あなたの母国はどこですか?」とも訳せます。サッカーのホーム&アウェー方式のごとく、自分が安定・安心できる場所ということです。人によってはそれが自分で築き上げた家庭の場合もありますし、地元や実家の場合もある。長期間在籍していて、もはやノーストレスでいられるなら、職場もホームです。

4ハウスの入り口は「IC(イマム・コエリ)」(↓136ページ)と呼ばれるホロスコープの非常に重要な部分です。ホロスコープの頂点の真反対の位置にあたり、底の部分。まさに足元のような場所です。ここにトランジット(↓188ページ)の木星や土星が来るときは、ホームの拡大や移り変わりを表します。単純に引っ越しと読むこともあるし、

職場がホームなら移転や拡張することもあるし、生活の基盤という意味では同棲や結婚もあり得ます。一生に一度だけ巡り合う天王星が来たときに、一生に一度の「一戸建て」というホームを購入した方も多いです。お笑い芸人の場合、それに加えて上京や移籍もあり得ます。

自分自身が何を「ホーム」と感じているかによって、４ハウスの解釈は広がります。さらに惑星によっては、基盤となるホームに衝突や葛藤を持ち込むことも。長年悩んでいた家族関係の問題や、アイデンティティに関わる意識も、ここにヒントが隠されていることがあります。

月 × 4ハウス

家や自分が普段いる場所へのこだわりが強く、一度変なイメージがつくとリラックスして睡眠や食事をとることが難しい。自分なりのこだわりを妥協してしまうとストレスが溜まるので、結局引っ越しを繰り返すことになる。インテリアの色調、質感などを統一して、落ち着く環境作りをする。

太陽 × 4ハウス

自分のルーツや家族、家を大切にする。一族という考えをベースに持ち、地元を離れても、離れた土地で新たに地元となるような基盤を作る生き方。人見知りしがちだが、自分がホームと見なしたところでは誰よりも輝ける内弁慶気質。自由に生きていても、家庭を持つと保守的になる。

金星 × 4ハウス

家庭の幸福を第一とする。温かい家庭を作ろうとしたり、夫婦になってもいつまでも恋愛関係だったりする。若い頃は奔放な恋愛をしていても、家庭を持った途端に落ち着く。自分の子供と遊ぶことを最大の楽しみにする。地元愛や郷土愛が強く、どこか地元の匂いを残した雰囲気をまとっている。

水星 × 4ハウス

常識的でまともな思考方法。保守的ともいえる。家族や親族の中での問題を解決しようと努める。家で仕事をしたいと考える人が多く、在宅ワークをしたり家の一部を改築した店舗を構えたりする。帰る家や故郷と呼べる場所を複数持っていて、どちらにも軸足を置いて生活する。

木星 × 4ハウス

地元や実家に縁が深い。実家が資産家や有力者で、いざというときに頼ることができる。いつでも自分を受け入れてくれる場所がある。ひとり立ちをしてからも巡り巡って父親の縁につながる。大学進学や就職など、人生で重要な出来事は地元で起こることが多い。また、中年期以降地元に戻って成功することも多い。

火星 × 4ハウス

自分のルーツやアイデンティティに複雑な問題を抱える。実家や地元で揉めごとや争いごとが多く、基盤で落ち着けない。親とぶつかったり、裏切られたりする。家族に仲の悪い人がいて安心できない。家庭内で折れることができず、対等を求めるのでぶつかることが多い。家が狭かったり家族が多かったりで騒がしい。

＼映画で語る／
4ハウス

ノマドランド

主人公の女性はリーマンショックにより職を失い、死別した夫と暮らした街を離れてキャンピングカーでアメリカ全土を転々とします。彼女は自身の姉からの「私の家で一緒に暮らさないか？」との誘いを断ります。その理由は「自分が新たに家を持つということは前の家を捨てる、つまり自分と夫が生きた証を失うから」でした。キャンピングカーで生活はしているが、あくまで彼女にとっての「家」は変わらないということです。彼女の「私はハウスレスだけどホームレスではない」という台詞に、人にとっての「ホーム」とは何かが言い表されています。

土星 × 4ハウス

実家や地元に制限を感じる。異常に厳格な家庭だったり、両親が離婚することなどで、自分自身も家庭というものを深刻に捉える。そのために家族を作ることが遅くなることがあるが、時間をかけたぶん慎重に堅固な家庭を築くことにつながる。家庭を持つ場合は過剰に責任感を持ち、家に縛られることが増える。

5ハウス
―情熱と自己表現―

5ハウスは自分が好きなこと、情熱を発露する場所です。例えば、絵を描いたり音楽を奏でたりする自己表現のシチュエーション。「表現したい！」というパッションを、何の計画も先行きもなく燃え盛らせる場所なので、みんなでつながって楽しむサークル的な場所ではありません。もっとわがままで、自分の欲求を司る場所です。いかにも芸人が星を持っていそうな場所ですが、意外にも周りに5ハウス太陽の人はほとんどいませんでした。芸人にとってはネタもギャグも、「自分がやりたいから」だけではなく、「どうウケるか」とか「どう世の中に出るか」が重要だからでしょうか。

「好きなことで生きていく」という言葉には、「好きなことで生きるためのお金を得る」と「好きなことをするために生きる」という2パターンの意味があるということです。「好きなことで糧を得る生き方」と「好きなことを糧にする生き方」です。5ハウスは後者。好きという情熱を、自分の内側からアウトプットしようとする場所です。

Passion
火属性の星がいたら
すごそう!!

この場所は「恋愛」も司ります。ただし、結婚や家庭に結びつくとは限りません。どうしようもなく好きになってしまう恋心です。トランジットの木星が5ハウスに来る場合、恋心に火がつき、しばらく恋愛から遠ざかっていた方は心が燃える熱さを覚えるでしょう。でも、あくまでここは「ただ好きになる」場所です。片思いなのか、相手にパートナーがいるのか、もしかしたらアイドルやアニメのキャラクターを愛するのかもしれません。実利を見定めた出会いはまた別の場所にあります。5ハウスは、自分に少しだけわがままを許してくれる場所です。

月 × 5ハウス

いつまでも子供の心を忘れない。自分にとっての遊び場がないと気が休まらないし、それは大人が楽しむようなものでなくてもいい。子供の頃からクリエイティブなことに親しみ、表現しないと体の内側に何かが溜まっていく感覚になる。表現の楽しさに重きを置くので、必ずしもその表現でお金を得ようとは思わない。

太陽 × 5ハウス

楽しいことしかしたくない人生。自分が好きなことをやっていれば満足。叶うかどうかはさておき、夢を見続ける生き方。必ずしも結婚や堅実な人生に結びつかない恋愛を繰り返す。堅い仕事の中でも遊びの要素を見つけ、エンターテイメント性を追求する。職場の公式SNSやイラスト入りの冊子作りなどで才能を発揮する。

金星 × 5ハウス

自己表現として発信するだけでなく、受信するエンタメ全般も大好き。アニメやゲーム、お笑いなどのポップカルチャーにハマり、時間とお金を浪費することもある。クリエイターとしての才能があるが、本人には突き詰めないゆるさがある。人生と自己表現を重ねず、あくまで趣味と割り切る場合も多い。楽しさが第一。

水星 × 5ハウス

楽しみを探すアンテナが発達しており、周囲の誰かがやっていて楽しそうなことに無邪気に飛び込む。お金がかかりそうなものでも、面白そうだと判断したら糸目はつけないフットワークの軽さ。雑務や単純作業にも遊びの要素を見つけ、ゲーム感覚で楽しむことができる。遊びのような仕事を目ざとく見つける。

木星 × 5ハウス

楽しいこと、子供の心を持つことが人生を広げる。「いい年をしてこんなことやってもな……」と思うことに出会ったら、それがチャンス。クリエイティブなことを傍らに置いておくと、人生のピンチの場面でもそれに救ってもらえる。大人になってから学生時代のようなドキドキする恋愛をすることも。

火星 × 5ハウス

自己表現に対して熱くなり、冒険的で高リスクな方法を取ってしまう。時には自らを傷つけたり、後々後悔したりするようなことでも、表現のためならいとわない。誰にも理解してもらえない突飛なジャンルの表現に熱意を傾け、受け入れられなくても何とも思わない。真面目な人生を自己表現のために大きく変えてしまうことも。

＼映画で語る／
5ハウス

SING ／シング

自己表現の素晴らしさを描いた映画です。動物たちが暮らす街の劇場を盛り上げるため、コアラの支配人バスターが歌のオーディションを開き、街の動物たちは自分たちの歌を披露します。子だくさんのブタの主婦、自分に自信が持てないゾウの少女、ギャングの父親を持つゴリラなど、さまざまなバックボーンを持つ動物たちが、それぞれに歌う理由を背負ってステージに上がります。この物語は「夢は必ず叶う」という仕事的なことより「誰でもその人なりの夢を表現することができる」という、生きる上での自己表現のあり方を示してくれています。

土星 × 5ハウス

自己表現に厳しい目を持ち過ぎ、人生の途中で表現自体をやめてしまったり、始める前に諦めてしまったりする。人生の後半に挫折経験が活き、久しぶりにやってみると超えられなかった壁を超えられる。好きなものを素直に好きと言えない傾向があるが、それは自分の気持ちに真摯に向き合っている証拠でもある。

6ハウス
―労働と義務―

6ハウスは2ハウスと同じく仕事にまつわる場所ですが、2ハウスは自分の資質でどう対価を得るか、という仕事だったのに対して、6ハウスは仕事に対する責任感や、職場での立ち振る舞いが発揮されるシチュエーションを表します。「労働」と言い換えることができます。トランジットの木星がこの位置に来ると、仕事運が上がるというよりも「労働環境が向上する」ということになります。ここに星がある方は、職場でも家庭でも責任のある立場になりがちで、それを果たすことを人生の目標とする傾向がありまず。そういわれると、損な場所に感じられてしまうかもしれませんが、そんなことはありません。お笑い芸人にはMCというポジションがあります。ライブなどで司会をする役割なのですが、6ハウスに星がある芸人はMCの上手な人が非常に多いです。ギャグやトークを披露する機会は少ないですが、MCが上手な人には必ず仕事が来ます。裏方に回ることで、実は一番大仕事をすることになるということが、けっこうあります。

6ハウスに星がある人の義務感としてもうひとつ、「言われたことをやる」が挙げられます。自分で考えるより、他人の指示に従ったほうが才能を発揮できる人がいます。こう言ってしまうと、自分で考えないロボットみたいですが、課せられた義務を果たす中で輝こうという意志は、間違いなくその人から発せられたものです。自分で食材を吟味するシェフもすごいけど、与えられた食材で百点の料理を作れる人もすごいです。他のハウスよりも頑張り要素が強いので、星がたくさん入っている方はこまめなストレスチェックをおすすめします！

月 × 6ハウス

相手や場が要求していることを自然と感じ取ることができ、それを果たさないと居心地の悪さを感じる。自分のせいではないのに責任を感じやすいので、リラックスや自己メンテナンスが必要。期待に応えようとする姿勢を何者かにうまく利用されないよう注意。頑張り過ぎると肉体より先に心が疲れてしまう。

太陽 × 6ハウス

責任や義務の中で生きる。仕事や生活スタイルの中に自分の感情を持ち込まない。裏方気質で、プレーヤーとして目立つよりも、自分の力で職場や家庭をうまく運営したり回転させたりして貢献したい。自分で考えるより要求されたことをこなすほうが合っている。何事も高い精度で完璧にこなすことに生きがいを感じる。

金星 × 6ハウス

職場のムードメーカー。ギスギスしそうだったり、緊張感が高まったりすると、意識的に明るく振る舞う。何も考えていなさそうに見えて、チームのために明るさを放っている。組織の中の潤滑油。職場に好きな人やものを見つけ出し、自分なりに楽しもうとする。好きになった相手には尽くすタイプ。

水星 × 6ハウス

タイピングや計算など単純作業に没頭できる。オリジナリティを発揮することにこだわらず、正確さとコスパ重視の働き方、コミュニケーション方法を取る。有能なナンバー2向きで、言われたことに疑問を持たず、手を抜かずに全力投球できる。そのクオリティの高さは、しばしばオーダーした側の予想を上回る。

木星 × 6ハウス

ついつい人より多く仕事を引き受けてしまうが、それがきちんとした形で評価されやすい。その姿を見て部下や家族が学ぶので、結果として孤立しなくなるし、後進が育つ。体力、健康面でも恵まれる場合が多く、仕事のストレスでつぶれることは少ない。年齢を重ねて地位を得ても現場主義。

火星 × 6ハウス

気合と根性があるので必要以上に頑張ってしまう。仕事面でも家庭面でも中途半端にやり過ごすことができず、倒れるまで義務を遂行してしまう。忙しければ忙しいほど燃えてしまうので注意が必要。損をしてでも上層部と戦うジャンヌ・ダルク的ヒロイズム。ストイックで負荷をかけられると燃えるので、筋トレに適正あり。

＼映画で語る／
6ハウス

カメラを止めるな！

6ハウス的な現場を希望に満ちた場所として描いた映画です。生放送でホラー映画を撮ることになった監督が、アクシデントや周囲の行動に振り回されながらもアドリブで切り抜けるドタバタ劇ですが、責務を果たすための苦肉の策は、計算外の展開をもたらします。その奮闘する姿に、監督の娘まで彼を見直します。周囲の要求に応えることでいつも以上の自分が出せ、結果周囲の信頼を得られるという、6ハウスのポジティブな面が描かれています。低予算で、圧倒的な制限の中で作られたこの作品も、6ハウスの中で生み出された名作といえるでしょう。

土星 × 6ハウス

ストイックに働き過ぎる。責任感の扱いに不慣れで、過剰に抱えてしまい不安や不満につながる可能性がある。ただし、時間をかけて力の出しどころを学べるようになる。体調が悪くても甘えられない。自己管理に問題を抱え、日常の家事が苦手だったり、つい遅刻をしたりしてしまう。

7ハウス

―結婚とパートナーシップ―

占いでよくいただくのが「私、結婚運ありますか？」という質問です。そんなときは、ホロスコープの7ハウスに星があればまず「大丈夫です」とお答えします。そうするとたいていお客様は喜んでくれるのですが、これは残念ながら「朝、遅刻しそうで走っているると曲がり角でイケメンｏｒ美女とぶつかって恋に落ちる運」ではありません。この7ハウスに星がある方は、対人関係が繰り広げられるシチュエーションの中で輝ける可能性を秘めている、ということです。相手、他者を通じて自分を輝かせる術を知る。自分ひとりの魅力で突っ走ってしまうことも、人と何かをするのが苦手ということでもありませんよ、ということです。社交的だったり、大人数が苦にならなかったりというのもあるのですが、7ハウスは、自分の内面を体現してくれるほどの他人が周囲にいるのかどうか、ということを示してくれています。

エピソードトークで相方の話をする芸人は、7ハウスに星が入っているんだろうと

パートナーシップの中で輝く

思っています。恋人の話ばかりして、もはやその人といえばその彼女が思い浮かぶ友人がいるのですが、彼のホロスコープを見たらしっかりと7ハウス太陽でした。コンビに向いているとか、いろんな人からいじられて真価を発揮するなど、人と関わって光るタイプの芸人も7ハウスに星が入っていることが多いです。

単純に「結婚」と読まれがちなハウスですが、星がないから結婚できないとか、星があるから自分のことを他人でしか語れない、ということはありません。対人の場が自分にとって輝けるシチュエーションなのだと考えてください。

月 × 7ハウス

寂しがりやで常に人と一緒にいたい。無意識に他者から気に入られるようとするので、地位のある人にかわいがられる。気に入られるためのツールは星座のキャラクターが示す。尊敬する人の考えに染まり、自分の考えのように述べてしまう。相手の意向につい合わせてしまい、流されてしまう。

太陽 × 7ハウス

他者との関わりの中で輝く人生。他人から自分の才能や持ち味に気づかされたり、ひとりでは成立し得ないアイデアを思いついたりする。自分の存在と同じくらい大切な他者と共に歩む。自分にとって特別な相手に染まりやすい。理想を他人に投影するあまり、満足できないこともある。

金星 × 7ハウス

社交性があり、積極的に人脈を増やそうとしなくても友人が増える。おしゃべりが達者ではなくても、相手からは楽しい、つながりたいと思われる。異性からのアプローチも受けやすい。人脈が収入の増加につながりやすく、飲み会や食事会で仕事を取れたり、出資してもらえたりする。ハイクラスの人とのつながりが持てる。

水星 × 7ハウス

対人関係の中でコミュニケーション力とアンテナを発揮し、相手の良さを引き出す人物、結ぶべき縁が分かる。他人の話を素直に聞くことができ、目下の人の意見でも耳を傾けられる。フラットな立ち位置であまり自分が目立とうとはせず、パス回しに徹する。社交的で多方面のつながりを持つ。

木星 × 7ハウス

普通の人では出会えないような良縁に次々と恵まれる。例えばスポーツが好きな人なら、アスリートのパートナーが続くなど。収入や社会的地位が高い人と出会う運と結婚運がある。出会いに積極的でなくてもパートナーが寄ってきやすいので、思い切って受け入れることが人生の幅を広げる。

火星 × 7ハウス

対人関係においてぶつかりやすい。わがままというより、対等を求めるがゆえの衝突が起こる。パートナーとの関係において「なあなあ」を許さず、白黒はっきりつけるスタンス。他人のために熱くなれるので、大切な人のために戦える。自分が正しいと信じることのためなら裁判を起こすこともいとわない。

映画で語る 7ハウス

俺たちに明日はない

7ハウス的なパートナーシップを描いた映画です。退屈な暮らしを送っていたウエートレスのボニーはならず者のクライドと出会い、その生き方に刺激され、彼とともに銀行強盗を繰り返します。パートナーとの関係性の中で自分の可能性を発見したボニーの7ハウスには、出会いの星が入っていたのでしょう。「ボニー&クライド」と必ずワンセットで呼ばれる2人は、互いの人生を照らし合うパートナーシップで結ばれています。ボニーとクライド以外にも、彼らの生き方を見て強盗団に入った仲間がいて、出会いが人の方向性を変え得るということが分かります。

土星 × 7ハウス

出会いに関して一筋縄ではいかない。好きな人ができても相手にパートナーがいたり、極端に変わった性格だったりする。現状の出会いに対して満足できず、次々と新しい出会いを求めようとしてしまう。出会いに対して難題が多いぶん、年を重ねるごとに人を見る目が養われる。

8ハウス
—才能発掘と一体化—

8ハウスは他者と深く関わるシチュエーションです。7ハウスが「出会い」なら、その後どう深く関わるかがこの場所に表れてきます。結婚運を聞かれたときはここに星があるかどうかも、7ハウスと同じく重要です。「他人と出会うこと」と「他人と深く関わること」を分けているのって不思議ですよね。そもそも出会いとは違う深い関わりとはどんな場面のことなのでしょうか？

まずひとつは「誰かから何かを受け継ぐこと」です。これは今いる人とは限りません。先祖や親、師匠から何らかを継承し、自分と一体化させる場面があるかどうか。これは8ハウスの他者との深い関わりの一面です。

もうひとつは「相手の人生に踏み込むこと」です。7ハウスは対等な関係でしたが、8ハウスは相手を深く掘り下げる、ある種のプロデュース能力を表します。ちょっと悪い言い方をすれば、最高の出会いではなかったとしても、自分で相手の良いところを発

掘したり、似合うものを選んであげたりできる場が8ハウスです。芸人でも、8ハウスに星がある人は相方をプロデュースする能力に長けていて、自分たちがどんな服装や話し方をすれば一体化できるかを推し量れる人が多いです。

学校の先生が生徒の才能を見抜き、進路相談に乗ったり、美容師がお客さんに似合うスタイルを提示したり、これらは「その人の身になって考える」という一体化です。遺産相続やセックスなど、本を読むと仰々しい項目が並ぶ8ハウスですが、日常の中にはこういった「プチ一体化」がたくさんあると思います。

月 × 8ハウス

才能がある人物や実力者の近くにいて安心する。心を許した相手の才能に自分の人生を賭ける。交流がある人物の技術を知らず知らずのうちに継承したり使いこなせたりする、見様見まねの器用さとのみ込みの良さを持つ。自分から進んで前に出ず、引き立て役のポジションが落ち着くし、そこで自分の得も見つけられる。

太陽 × 8ハウス

他人の才能や魅力を引き出せる。ルックスと雰囲気からファッションをコーディネートする、職業の適性をアドバイスするなどのプロデュース能力に長けている。他者の人生と深く関わり、相手を変えてしまうような生き方。人前に出る人のブレーンを務められる。プレゼントのセンスがある。身内や師から何かを引き継ぐ。

金星 × 8ハウス

目上の人にかわいがられる運勢あり。組織やコミュニティの中で埋もれていても突然見出されたり、プレゼントをもらえたりして特別扱いを受ける。それが高じて誘惑を受けたり性的な目で見られたりすることも多い。お金持ちや地位の高い人に見染められるが、愛人的なポジションになることも。異性との縁が切れにくい。

水星 × 8ハウス

才能のある人を世に送り出したり、他の才能や業種とつないだりするマネジメント能力。自分が惚れ込んだ人の才能を100%の形で世の中にコミットさせるために駆けずり回る。会議などで積極的に発言し、参加者同士を結びつけて場を回す。裏方に見えるが、アグレッシブさと機敏さはプロデュースされる側をしのぐこともある。

1ハウス
2ハウス
3ハウス
4ハウス
5ハウス
6ハウス
7ハウス
8ハウス
9ハウス
10ハウス
11ハウス
12ハウス

木星×8ハウス

他者の良い部分を直感的に見抜くので、自然と受け入れ態勢ができていて、相手との一体化が止まらない。若い頃からいろいろな人を引き寄せてしまうが、最終的には玉の輿に乗ったり、ハイクラスな人物から融資を受けたりする。相手の良い部分を見ておおらかに付き合えるので、恋人の元パートナーともうまくやっていける。

火星×8ハウス

他者と深く関わるまでのスピードが急ピッチ。普段は特にフレンドリーでないのに急に距離感を詰めたり、肉体関係まで進んだりすることがある。親しくない人にお金を貸す、投資や保証人の話に乗るなど金銭面でのトラブルに注意。普段は穏やかな人でも、特定の相手にだけ感情をあらわにし、激しくぶつかることがある。

映画で語る
8ハウス

クリード チャンプを継ぐ男

さまざまな角度から8ハウスを描いている映画だと思います。伝説のボクサーロッキーが、ライバルだったアポロの息子ドニーのトレーナーとなり、その才能を引き出しチャンピオンを目指す物語です。ドニーは父から受け継いだ才能をロッキーの指導によってさらに開花させます。最愛の妻を亡くし、抜け殻のようになっていたロッキーもまた、彼を指導することで、かつてのライバルから受け継いだ闘志に再び火がつき、変化を遂げていきます。受け継ぐことや見出すこと、他者との一体化は恋愛においてだけではないということを教えてくれる作品です。

土星×8ハウス

人間関係のトラブルなどで警戒心が強くなり、若い頃は他者に心を開くことが苦手。一体化や深い関わりから逃げる前半生を送る。そのぶん時間をかけて他者の本質を見抜く目を養う。信じてもいいと判断した相手との一体化は自身に変化をもたらし、強い絆が生まれる。極端に狭く深い関わりの人間関係を持つ。

9ハウス
―探求と信念―

9ハウスは思想や精神世界を深く掘り下げるシチュエーションです。3ハウスの進化というか、深化です。3ハウスが手の届く範囲のものに向かう好奇心だとしたら、9ハウスは手の届かないものを掴もうとする探求心です。海外旅行もここだし、読書や出版などもここ。このふたつに共通するのは「ここではない、どこか」へ行こうとする心があるということです。旅をするのが肉体か精神かの違いはあれど、9ハウスに星を持つ人は、常に今いる場所から遠くに行きたいと考えます。

ぼくの太陽は9ハウスにあります。ぼく自身、大の出不精で、海外旅行はおろか、ひとり暮らしの経験もありません。芸人になってからも、映画検定を取ったり占い師になったりと、心は常に人と違うという感覚がありました。子供の頃から「変な奴」だと言われて、芸人になっても「変な奴」だと言われて、いつも「この場所は自分にとって違うんじゃないか？」という「旅の途中」みたいな感覚があったのですが、占いを学ん

で自分のホロスコープを読めるようにな り、その根源が理解できた気がします。本書で紹介した芸人の星の例などはすべてその旅の途中で出会った人たちのものだし、例として挙げた映画の知識も旅の中で得たものです。

９ハウスに星がある人は回り道をするかもしれませんが、それらひとつひとつがあなたの信念を形作ってくれるでしょう。９ハウスに星がある芸人にも、プロゲーマーをやったり、映画やアニメなど海外のエンタメとコラボレーションしたりと、お笑い以外の独自の道を探求する方がとても多いのです。

月
×
9ハウス

心理的に閉鎖的な空間、環境が苦手。常識や慣習、決まり切ったルートに対してアレルギー反応が起こる。若い頃から放浪癖がある。無意識に広い世界や深い学びを求める。読書好きの人が多く、本の世界からインスピレーションを得て、どこか違うところに行きたい気持ちを内に秘めて生きる。

太陽
×
9ハウス

旅人のような感覚で生きる。世俗的な現実を受け止めるより、お金にならなくても自分が突き詰めた世界に行きたい。その中で自分の生きる道を見つけ出していく。精神世界と向き合う人もいるし、実際に海外に渡って見聞を広げる人も多い。慣れ親しんだものとは異なる文化の中で輝ける。研究や出版関係と縁が深い人生になる。

金星
×
9ハウス

海外や異文化の中にときめきを感じる。外国の人と恋に落ちたり、洋画や洋楽、海外のアニメのテーマパークにハマったりする。非日常的なもの、異国情緒あふれるものが、その人のおしゃれな魅力になる。資格を取得することに向いていて、大人になっても学びを楽しめる。趣味に関する資格や検定を取ると良い。

水星
×
9ハウス

歴史や哲学などから高尚な思想を学ぶ適性がある。抽象的な概念をきちんと自分の言葉で人に語ったり、かみ砕いて説明したりすることができる。話が巧みで、人やものを売り込む仕事や、スポークスマン的なポジションになれる。知識や思想を人の間に流通させられるので、出版や編集の仕事などにも向いている。

木星 × 9ハウス

未知なる世界へ踏み出すことが人生を広げてくれる。高尚な思想や学び、精神世界、「自分とは？」といった哲学的な問いかけが、物質では満たしきれない内面を満たしてくれる。世俗的な成功や安定には将来性を感じず、期待しない傾向がある。海外文化、特に欧米のカルチャーに染まりやすく、恩恵を受けやすい。

火星 × 9ハウス

思想や心情、一番大切にしているものなどに対して熱くなってしまう。それらに自分の身を分け与えたような感覚があって、語りながら泣いてしまうなど、自分でも感情をコントロールできない。普段はわがままではない人でも主義主張で人とぶつかったり、自分と異なる考えを持った人を強く否定してしまったりする。

映画で語る　9ハウス

食べて、祈って、恋をして

9ハウス的な旅と探求を描いた物語です。順調に仕事をしながらも恋愛に生きてきた主人公のリズは、離婚と失恋を経て自分を見つめ直すために旅に出ます。最初はイタリアで語学を学びおいしいものを食べ、ゆっくり過ごすのですが、そのうちにインドでヨガの思想を学び、バリ島で占い師に言葉をもらい、彼女なりの人生への答えを出します。一見すると回り道に見える行動の中で、自分の信念が見つかることを示してくれている作品です。非日常の中に自分をぽんっと放り出してみないと分からない広がりもあるという9ハウス的な深さを描いています。

土星 × 9ハウス

未知の分野に抵抗があり、なかなかオリジナリティのある考え方が持てない。若い頃は安定志向にとどまってしまうが、堅実ゆえに仕事を任される。遠回りしたぶん自信を持って自分の考えを固められる。非日常的で高度な分野への興味は持ち続けるので、年を重ねてから大学などの高等教育機関で学び直す機会と意欲を持てる。

10ハウス ―達成と肩書き―

10ハウスは社会的な目標を表します。地位や肩書きなどの達成に対してどう向き合うかというスタンスです。2ハウス、6ハウスに続き、この10ハウスも仕事運に関わります。収入が2ハウス、労働環境が6ハウスだとしたら、ここは「出世」です。自分にとっての内なる目標というよりも、社会的に名称のついた「達成」です。ホロスコープの一番上に位置するこのハウスは、世の中に突出するというイメージが掴みやすいですよね。ここに星がある人は、社会的な評価や名誉を求めます。「肩書き」はその最も分かりやすい基準のひとつでしょう。アーティストのレディ・ガガは「友だちはみんなグーグルで働きたいって言ってたけど、私はそこで検索される人になりたかったの」という名言を残しましたが、彼女の太陽はやはり10ハウスで輝いています。10ハウスの入り口である「ＭＣ（ミディアム・コエリ）」（↓136ページ）にトランジットの木星が近づいているときは、これまで積み重ねてきた努力が社会的に実を結ぶということです。

「目標の達成」と聞くと、他のハウスに比べて10ハウスだけ特別感が出てしまいます。しかし、ここはあくまでも「社会的」達成。温かい家庭を築く、素晴らしい絵を描くといった個人的な達成は別のハウスで叶えられます。10ハウスは映画でいう「受賞」だと思ってください。アカデミー賞を取る作品はもちろん素晴らしいですが、それ以外にも名作はたくさんありますし、賞を意識していない映画が多くの観客に支持されることもあります。10ハウス的達成はすごく大切なことですが、イコールその人の幸せ、ということではありません。

月
×
10ハウス

子供の頃から目立ちたがりで、自己顕示欲が強い。運動会や文化祭で中心になる。大人になってても注目されたいし、人から構ってほしい。目立つことで満足し、心の健康を保てる。自分が有名にならなくても、有名な人や場所とつながりを持っていたい。人生の途中で昔の夢を再び志す場合もある。芸能やエンタメ業界に適性あり。

太陽
×
10ハウス

名誉や肩書きを掴み取る人生。欲望や衝動を持つだけでなく、手に入れるための合理的な動き方ができる。常に目標を掲げて生きる。自他共に責任を求める。売り上げや業績など、超えるべきハードルを数値化すると張り合いが出る。人前やメディアに姿をさらすことが、緊張ではなくモチベーションを生み出す。

金星
×
10ハウス

美的感覚や女性的な魅力が天職と結びつきやすい。エンタメ業界や接客業などに適性。男女問わず笑顔と人当たりの良さで実力以上の地位にステップアップできる。実力者に見出される運があり、周りに比べて特別扱いをされることがある。パーティーや飲み会などでは盛り上げ上手。それが仕事につながることもある。

水星
×
10ハウス

話芸や文筆で名誉や達成を手にする。成功を知能で掴もうとしてさまざまなデータを分析し、合理的にチャンスをものにする。いくつかの能力や職業を組み合わせて独自のポジションを作る。人付き合いは目標達成のため。職業を変えても、以前の経験をうまく取り入れたり組み合わせたりして、前職以上に成功する。

木星 × 10ハウス

達成運が強い。若いときに分不相応なほど大きなチャンスに突然恵まれて、名が知られることがある。かなり上の地位の人に一気に引き上げられることもある。成功を求めるストイックさが好意的に受け取られる。頑張りが報われやすく、本人も周囲に還元する。肩書きは目先の収入よりも人生の選択肢を広げてくれる。

＼映画で語る／
10ハウス

市民ケーン

この名作は、10 ハウスと幸せは別だということを深く描写しています。庶民の出身のケーンは新聞社の経営に成功し、社会に頭角を現します。その後彼は政治の世界にまで進み名誉を手にしますが、スキャンダルが発覚して人々が離れ、自身が手に入れたお城の中で孤独な余生を送ります。社会的達成にすべてを捧げたケーンは、きっと 10 ハウスにたくさんの星を持っていたのでしょう。その上昇志向は 10 ハウスを輝かせてはいますが、それとプライベートとはまた別。社会的名誉も人生のパーツのひとつに過ぎないということを教えてくれる映画です。

火星 × 10ハウス

目標を達成するためなら命を投げ打つタイプ。目標が定まったら他に目もくれず突き進む。お金や名声ではなく、自分が定めた栄光を掴むことが目的となるため、その後のことを考えない。肩書きは自分が成し遂げたことの証。ライバルがいると伸びるが、闘争心が強いので、学校や職場で敵ばかり作ることも。

土星 × 10ハウス

目標達成を意識し過ぎてプライベートを犠牲にしたり、過剰なストイックさが判断を曇らせたりしてしまう。長い時間をかけてでも絶対に目標を達成するタイプなので、プライベートの時間も含めてどう自己実現するかの計画を立てるべき。苦労したぶん、成功するとその座にしがみつきやすい面もある。

11ハウス
―趣味や横のつながり―

11ハウスは趣味やサークルといった楽しいシチュエーションです。10ハウスが達成でその次は趣味となると、やや拍子抜けな印象ですが、芸人でも名前が世間に知れ渡った後に趣味の番組やユーチューブをやっていますよね。この場所は達成した後のひと休みというよりは、目標を達成した後、人はひとりの力ではその先の未来に進めないということを表しています。11ハウスは「仲間」も表しますが、これは仕事や恋愛、人生におけるパートナーではありません。「人生とは全然関係のないつながり」です。

土星のパートでも書きましたが、ぼくは俳句の会に入っています。この会は年齢も性別もバラバラで、「俳句が好き」ということ以外は共通点がない方たちとの集まりです。ぼくの仕事や恋愛という個人の領域とは関係がない。だからこそ通常では学べないものや絆を知ることができます。こうしたサークルのようなつながりは、社会人になると持ちにくくもなりますが、仕事や家庭のように人生に直結していて自分の意志では簡単に

仕事や家庭ではない
横のつながり
ここで輝けたら楽しそう

やめられないコミュニティでは出せない顔を、気楽に出せる場所です。そんな場所があるのとないのとでは、生きやすさが全然違うと思います。俳句の会ではただの俳句好きの顔をしていれば良いのですごく気が楽だし、新たな自分の面を発見できました。あったらあったで良い、くらいに思っていた横のつながりが、実はとても大事なのだと西洋占星術から再認識しています。

　もちろん現代では、このつながりはSNSなどのネットワークも含みます。11ハウスに星を持つ人は、横のつながりや趣味に思わぬ宝物を見つけられそうです。

月 × 11ハウス

利害関係のない横のつながりが落ち着く。ルームシェアなどで自分の生活をさらけ出すことに抵抗がない。大人になってからでも、子供時代のような友情を育める。新しい友人が自然と増えていく。恋愛や結婚でも対等な関係性を保ち、相手を束縛しないので、相手によっては付き合ってる意味がないと思われてしまう。

太陽 × 11ハウス

趣味やサークル、オタ活などのコミュニティに参加しているときに人生を実感しやすい。性別や年代に関係なく対等な付き合い方ができる。仕事はあくまでお金を稼ぐ手段で、生きがいや理念が同じ人たちとの交流にお金や労力を使う生き方。出世や結婚がゴールだとは考えず、そこからさらに未来のビジョンを考え続ける。

金星 × 11ハウス

同じ趣味の人たちと交流したり、趣味のお店を巡ったりすることでセンスが洗練されていく。クリエイティブな人たちとつながる。女性的な感性でおしゃれな趣味に没頭する。ネットワーク、ＳＮＳから恋愛に発展する可能性がある。異性としての魅力よりも、同じ志を持って未来に進めるかどうかでパートナーを選ぶ。

水星 × 11ハウス

知的な分野でコミュニティを作り、そこから情報を発信することに向いている。同じ目的を持つ集まりの中で若い人たちを導く兄貴肌だが、年下の人とも同じ目線を持てる。仕事では積極的になれなくても、友だちには饒舌だったり回し役だったりする。対等なつながりの中で能力が解放される。ウェブを使った情報収集が得意。

木星 × 11ハウス

仕事や恋愛以外のつながりが、回り回って自分の仕事や結婚生活に還元される。趣味でつながった人と仕事でコラボレーションしたり、異業種交流会から恋愛や仕事へ発展したりするなど。利益を求めない姿勢によって穏やかな未来像を描くことができ、本人に希望をもたらす。仕事や家庭での責務以外の余暇に可能性がある。

火星 × 11ハウス

趣味やつながりが仕事以上に熱くなる。中年期までに自分の力だけで成し遂げることの限界を知り、他業種でも同じ志の仲間と一緒に未来へ向かう熱意を持つ。仕事ができる人が多く、他業種の人々との交流が本業に還元されることも多い。純粋で自分の利益を求めないので、善意の理解者が現れる。

映画で語る 11ハウス

日日是好日

11ハウス的なつながりを描いている映画です。大学生の典子は従姉妹と共に暇つぶし目的で茶道を習います。彼女は就活に失敗したり、長年付き合っていた恋人と別れたり、人生の大きな節目を迎える日々を送りますが、茶道だけはそんな彼女の人生と関係がないように、常に傍らにあります。この作品からは「茶道を極めよう！」という目的意識や、茶道を通じて恋に落ちるというときめき要素も一切ありません。人生に大きな影響がないからこそ心の拠りどころになる、そんな11ハウス的サークルの大切さを知る一助になると思います。

土星 × 11ハウス

若いときは人見知りで、知らない人の輪に飛び込めない。サークル活動なども食わず嫌いで遠ざけてしまう。仕事のためなど自分なりに理由をつけて飛び込んでみると、思いのほか楽しめる。ＳＮＳに対して苦手意識があるが、目的が定まれば使いこなせる。今より未来で苦労することを恐れ、貯金や積み立てをしっかりする。

12ハウス
―匿名性とインターネット―

キャラクターから始まったハウスの最後が司るのは、従来「秘密」や「トラウマ」、「闇」などといわれてきました。いろいろな本を読んでもちょっと暗かったり、神秘的だったりと難易度が高めな場所です。実際に12ハウスに惑星がある人を占っても闇の印象が持てなくて、やはり12ハウスの解釈は難しいと思っていたのですが、「秘密」を「仮想空間」「インターネット」と置き換えてみると、すごくしっくりきます。

占い師まついなつきさんの『新版 しあわせ占星術 自分でホロスコープが読める本』（KADOKAWA）でも「今はインターネットが12ハウス的な空間だよ」と書かれていますが、匿名で活動するある種の後ろ暗さが、ネットやSNSの普及によりどんどん薄まっていっているのでしょうか。オンライン化が急速に進む中で、本来実体のなかった12ハウスがどんどん現実の世界に入り込んできている印象です。若いお客様を占った際に「将来はユーチューバーになりたいです」という方も増えていて、そういう方はや

YouTubeの方が自分らしい
秘密の方が落ちつく
ネットでは有名人
カタタタタ
匿名と仮想の世界
現実世界

はり12ハウスに星が入っていることが非常に多いのです。匿名性を「公にできない自分」ではなく「インターネットという仮想空間の中で輝く自分」と捉えるべき時代なのかなと思います。ユーチューバー、ライバー、裏垢、バズる、など、ぼくが若い頃は概念自体存在しなかったことに対する夢や悩みも、12ハウスにヒントがあるように思います。

もちろん、入っている星によっては従来通り、秘密や潜在意識のように、見えない場所として読むほうがしっくりくることもあります。ハウスの仕上げとして、柔軟に読んでみてほしいと思います。

月 × 12ハウス

自分や自分の身内に、人には言えない秘密が多い。一般的な生活をしていても、親しい人にすら自分の内面や家庭をさらさない。自分で自分の気持ちを語ることはできるが、他人に推しはかられることを極端に嫌う。外向きと内向きを完全に分けたい。人前で物を食べない、煙草を吸わないなど、嗜好の部分を隠す場合もある。

太陽 × 12ハウス

通常の生活の中の自分とは違う名前やキャラクターで活動することが人生を輝かせる。副業や匿名で始めたことが、メインの収入やアイデンティティの根幹になることもある。インターネットの世界を仕事場にする。自分だけのルールに従い、結婚など人生の中で起こる大きな出来事を秘密にする傾向がある。

金星 × 12ハウス

世間に公表できない、秘密を抱えた恋愛になることが多い。相手や自分にパートナーがいたり、有名人と付き合ったりする。片想いをずっと続ける人もいる。常識的な人生の中で、恋愛だけが例外的。ちょっと怖いものやグロいものを美しい、面白いと感じる風変わりなセンス。尖ったフェティシズムを持つ。

水星 × 12ハウス

クローズドな場所やメディアでの発言、文章が注目される。公の場に出たい気持ちが薄く、発表されない文章を人知れず書き続ける場合もある。狭いコミュニティで才能を評価され、「分かる人には分かる」といったマニアックな評価を受け、ある種の信者を作れる。社会の裏側やアウトサイダーとのコネクションを持ちやすい。

木星 × 12ハウス

インターネットや匿名での仕事が人生を拡大する。これまで自分がやってきたことをネットにアップしたら実利となる結果につながるようなバズり運。恋愛で秘密の関係になったとしてもそれを後悔せず、人生が広がったと捉えるポジティブさを持つ。性的なことやオカルトなど、世間に露呈されたくない分野に可能性がある。

火星 × 12ハウス

衝動や怒りが態度に出にくい。怒りの感情を相手に出せない。ひとりになると危険かつ冒険的なことを考えてしまう。夜寝るときに怖いことばかり思い浮かぶ。自由を奪われることに人一倍憤りを感じる。強い性的な衝動を隠している場合がある。表立って出せない一面を隠し持つことも。

映画で語る
12ハウス

竜とそばかすの姫

12ハウス的な問題を希望に満ちた形で提示してくれています。田舎町の少女すずは、世界中の人が利用するインターネット上の仮想空間「U」で「ベル」という名前の歌姫として自作の曲を発表し、一躍有名人になります。この物語では、ネットの自分と現実の自分のどちらが本物？という葛藤はすでになく、それをどう両立させていくかという視点で描かれています。以前のようにネット上の自分に匿名性を持たせることなく、「職場の自分」「家庭の自分」と同じように、もうひとつの顔として語る時代が、もう来ていると思える映画です。

土星 × 12ハウス

苦手意識や若い頃の挫折から、もともと持っていた大きな目標や使命感から目をそむける。時間的な余裕のなさから挽回を先送りにするが、いつかは再び取り組もうという意欲を持ち続ける。コンプレックスと向き合うことが怖く、何かに依存することで逃げることがある。インターネットに対する本能的な苦手意識。

column トランジットについて

本書の冒頭で作成した、生まれた瞬間のホロスコープのことを「ネイタル（チャート）」といいます。ネイタルは生涯変わりませんが、これに日々の惑星の動きを重ねて、惑星同士の関わり方を読むことで、運勢を知ることができます。惑星が固定されたネイタルに対して、現在の惑星の配置のホロスコープを「トランジット」といいます。

惑星はそれぞれ速度が違います。最も動きが速いのは月なので、毎日の運勢は月の動きで見ます。例えば「ケンカをしている恋人からいつ連絡が来ますか？」という質問には、メッセージを司る3ハウスに月が入るタイミングを読みます。木星（→62ページ）で書いた通り、年間の運勢は木星の動きで読むのが一般的です。他の惑星やアングルと重なる時期は、その分野が強く輝きます。

制限を表す土星は約30年周期。ネイタルの惑星やアングルに土星が近づくと、見直しや取捨選択が求められます。例えばDESに土星が近づくと、離婚など人間関係の整理の時期の可能性が。太陽と重なるときは転職や結婚など、人生の舵を切る緊張感に満ちた時期と読めます。

革命の星の天王星は約84年周期で、滞在する惑星やアングルの分野で一生に一度の大改革を起こします。基盤・家を表すICに近づいたときにマイホームを購入する人も多いですし、ASCやMCに近づいたときは社会的達成やキャラクターの変化が訪れる大チャンスです。

今日の日付でホロスコープを作成すれば、トランジットを出すことができます。サインの位置をネイタルに合わせて使ってみてください。

第5章

アスペクトと相性

アスペクト──惑星と惑星のブレンド──

ここまで惑星とサイン・惑星とハウスの意味を見てきましたが、西洋占星術にはもうひとつ、惑星同士の組み合わせを見る**アスペクト**という考え方があります。アスペクトとは、ホロスコープ上で惑星同士が影響を受け合う特定の角度のことです。ある惑星が、他の惑星から影響を受けて、新しい意味を生み出すことがあります。映画でも、複数の要素が混ざったシーンは印象的ですよね。『カジノ・ロワイヤル』ではジェームズ・ボンドとヒロインが愛し合いながらも戦います。このシーンの切なさは、恋愛シーン（金星）とアクションシーン（火星）がアスペクトしたことで生まれた妙味だと思います。ぼくたちの惑星にもそんなふうに、オリジナルなブレンドがなされています。

アスペクトにはたくさんの種類があってここでは紹介しきれないのですが、まずは特に大切な**コンジャンクション**、**セクスタイル**、**トライン**、**スクエア**、**オポジション**を覚えましょう。

アスペクトによる影響の受け方は、次の項で説明する**属性の相性**が基盤となっています。例えば、120度のトラインが調和するのは、ひとつのサインが大体30度で、120度ならサインが3個離れて、同じ属性になることが多いからです。

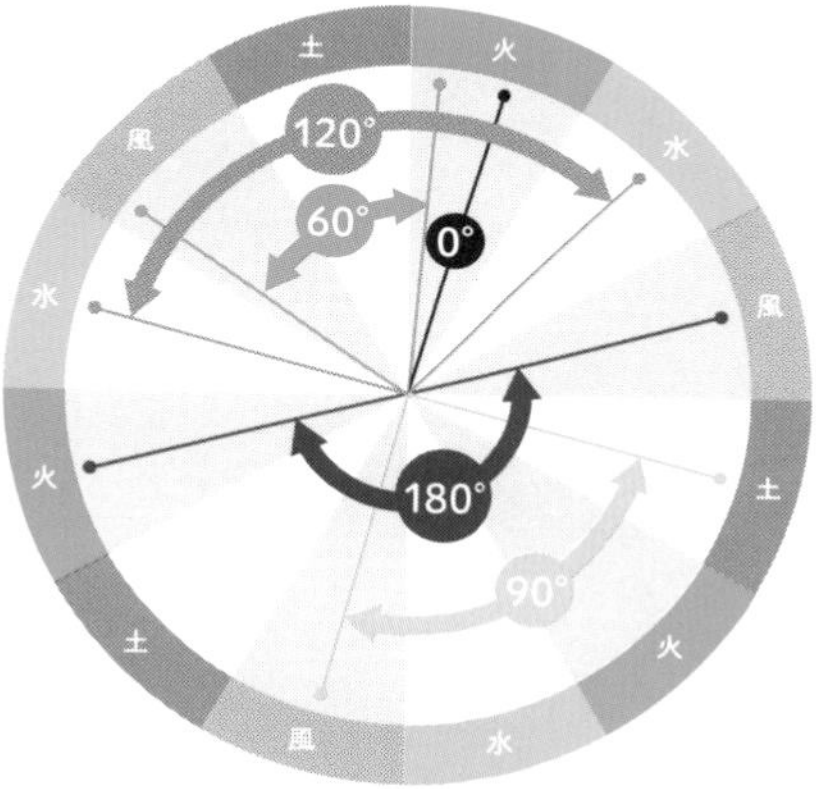

※属性の配置は各人のホロスコープによって異なります。

0度	コンジャンクション	「意味が混ざる」

アスペクトの中でも最も重視するもの。例えば太陽と火星が0度で重なっていたら、「火星っぽい太陽」というふうに変化する。

ソフト・アスペクト

60度	セクスタイル	「協力する」

違う属性同士でも相性が良い「火と風」「土と水」で発生する。あくまで別の属性なので強さはないが、邪魔はしないし成長も期待できる。

120度	トライン	「調和が取れている」

惑星が惑星からマイルドに影響を受ける。惑星同士のサインが同じ属性なので、自分の中で矛盾や葛藤が起こらない。例えば金星と太陽がトラインだったら、「恋愛観と人生が調和している」と読む。

ハード・アスペクト

90度	スクエア	「ぶつかる」

惑星同士のサインの属性が違う配置となるので、ぶつかる。金星と火星がスクエアだった場合、「恋愛に情熱がぶつかってくる」のように読む。

180度	オポジション	「強く引っ張る」

正反対の配置。惑星が惑星を強く引っ張るので、真価が発揮されることもあれば過度の影響を受けることもある、一か八かの角度。

通常、アスペクトは5度前後の誤差が許容されています。そうすると、例えばしし座の29度といて座の0度は同じ属性なのに、ほぼ90度（スクエア）でぶつかることになってしまいます。逆もしかりで、しし座の0度とさそり座の29度は違う属性なのに、ほぼ120度（トライン）で調和することになってしまいます。これがアスペクトの難しいところ。ややこしいので、最初のうちは1サインを30度と機械的に読んで、「惑星の属性同士の相性」で読んでみましょう。惑星は太陽から遠く離れた天体ほど強く重いイメージを表すので、遠い星が近い星に向かって影響を与えてきます。太陽に近い水星と遠い木星のアスペクトなら、木星が水星に多くの影響を与えるでしょう。なお、木星より遠い星同士のアスペクトは、星の動きが遅いので、個人というより世代全体に共通する傾向として読みます。また、太陽と水星はホロスコープ上で28度以上は離れないので、0度（コンジャンクション）しか起こりません。

あなたの惑星たちはどんなアスペクトをとっているでしょうか。90度（スクエア）はぶつかるとされ、昔はあまり良い意味で捉えられていませんでした。しかし、愛情と情熱がぶつかった結果、通常では経験できないスリリングな恋愛になることもあります。

それを良いと取るか悪いと取るかはあなた次第です。左の表でぜひアスペクトを読んでみてください。もちろん、表以外の意味も適用できます。ここまで読んでくださった方なら金星を「芸術」と読み、天王星とのトラインを「革命的な芸術センス」と読むこともできるでしょう。自分の物語のシーンを、アスペクトで存分に編集してみてください。

Check!

星の組み合わせを読んでみよう

惑星同士とアスペクトの意味を当てはめると……

❶ 惑星の表す意味

太陽	人生
月	内面
水星	知性・コミュニケーション
金星	愛情
火星	情熱
木星	拡大
土星	制限
天王星	革新
海王星	幻想

と

❷ 惑星の表す意味

月	内面
水星	知性・コミュニケーション
金星	愛情
火星	情熱
木星	拡大
土星	制限
天王星	革新
海王星	幻想
冥王星	極限(に)

が

❸ アスペクトが表す意味

コンジャンクション	強め合う、意味が合わさる
セクスタイル	協力する、補助する
トライン	調和する、マイルドになる
スクエア	ぶつかる、矛盾する
オポジション	強く引き出す、真っ向から向かい合う

相性—ホロスコープで見る相性—

占いで気になるのは、やはり相性。ぼくも鑑定で聞かれることの上位に「あの人との相性を見てください」というご質問があります。西洋占星術は相性を見るのにとても優れた占いだと思うし、見る方法はたくさんあります。

アスペクトで見る場合は、自分の惑星と相手の惑星の角度を使います。120度、60度はソフト・アスペクト、90度、180度はハード・アスペクトといわれていますが、ソフトがいい場合もあればハードがいい場合もあるし、さらには男女で惑星の意味や使い方が変わったり、相手の星が自分のどのハウスに入っているかをチェックしたり……と、アスペクトで一番混乱するのがこの相性でもあります。このあたりをもっと勉強したい！という方は、どんどん専門的な書籍にチャレンジしてみてください。

本書では、せっかく星座ごとのエレメントについて学んだので、エレメントで読むという一番分かりやすい、想像しやすい、創造しやすい方法で、一緒に遊んでみましょう。

相性の読み方のルール

エレメントで相性を見るときは、次のような基本ルールで読んでみてください。

- **太陽星座のエレメント（火・土・風・水）で読む**
- **同じエレメント同士は調和しやすい**
- **適合しにくいエレメント同士が悪い相性とは限らない**

リラックスできる相手との相性は月星座で見るのもおすすめです。いろいろ組み合わせて読んでくださいね。

火属性 × 火属性

火と火は共に情熱的で衝動的。楽しいことが大好き同士の組み合わせで、常にお互いを飽きさせず、情熱の炎で照らし合う間柄です。この組み合わせは長きにわたってタッグを組み、数々の名作を生み出していく監督と俳優に多く見られます。巨匠・黒澤明監督（♈）と名優・三船敏郎（♈）のように、個性と個性がぶつかり合って、他の人には入り込めない独自の世界を作り出せそうです。恋愛も仕事もカギとなるのはクリエイティビティ。近所の公園でのデートも、まるで遊園地や海外旅行のように独自の楽しみ方ができるキラキラなふたりですが、それだけに現実味に乏しい面もあります。「今が楽しければそれでいい」が長く続いて結婚に踏み切れなかったり、お金よりも自分たちのやりがいを求め続け、貧乏生活が長くなったりする相性でもあるのです。それでも、自分たちのエネルギーを自分たちで点火するパワフルな組み合わせです。

火属性 × 土属性

火は土を燃やさないし、土をかけても火の勢いが大きくなることはない。一見して相性はあまり良くないように見えますが、これは価値観が違うことを端的に表しています。その違いに惹かれることもあるけれど、やはり隔たりは大きい。名画『ローマの休日』の新聞記者ジョー（グレゴリー・ペック♈）とアン王女（オードリー・ヘップバーン♉）のように、住む世界や身分がかけ離れているからこそ、価値観の違いに惹かれ合いますが、最終的には「別々の道を歩みましょう」という大人の決断をします。これは両者が「短時間で適合させることが難しい」ということの証左です。火は土を燃やすことはありませんが、時間をかけて加熱すれば、土は火によって「陶器」へと姿を変えます。お笑い芸人でも幼馴染や同級生、兄弟のコンビに多く見られます。長く時間を共にして、お互いの良いところも悪いところも知り尽くしてはじめてコンビとしての良さを発揮する組み合わせなのだといえます。時間をかけて関係性を構築すればお互いを尊敬し合い、いくつもの作品を協力して作る強固な絆を見せる相性です。

火属性 × 風属性

火と風は違う属性ですが、とても良い相性です。野外でバーベキューをするとき、小さな種火に空気を送り込んで大きく燃え上がらせるイメージで、火の衝動を風がうまくコントロールする発展的な関係です。火の勢いが小さいときに風が元気づけて、やる気を奮い立たせることができます。映画『バッファロー'66』で自暴自棄のメソメソした男ビリー（ヴィンセント・ギャロ♈）と、そんな彼を否定することなく生きる希望を与えたレイラ（クリスティーナ・リッチ♒）のように、わっしょいわっしょいと団扇で仰ぎながら、風は火の力を拡大させます。ただ、時として風が火をあおり過ぎ、お互いを焦がしてしまうこともあります。映画『スター・ウォーズ』シリーズでアナキン（ヘイデン・クリステンセン♈）の愛情の炎をアミダラ（ナタリー・ポートマン♊）が大きく燃やし過ぎた結果、憎悪の悲劇を生んだように、危険もはらんでいるのです。風属性の方は、相手に対して強く否定したり引き止めたりしないからです。時には強風で、いったん火を消すことも大事かもしれませんね。

火属性 × 水属性

水は火を消してしまいます。そのことだけを見ると相性はかなり悪いように思われます。しかし裏を返せば、燃え盛る火の勢いを止めることができるのは水だけだし、その水を蒸発させるのは火の熱。互いに高め合うというより、どこか因縁めいた妖しい関係といえるでしょう。映画『スター・ウォーズ／最後のジェダイ』の主人公レイ（デイジー・リドリー♈）とその敵カイロ・レン（アダム・ドライバー♏）のように、敵対心と紙一重の愛情であったり、映画『ミザリー』の作家（ジェームズ・カーン♈）を監禁する狂信的なファン（キャシー・ベイツ♋）のような、もはや一方的な執着としかいえない愛であったりと、常人には理解できない感情を形成する組み合わせです。それはさながら夏のアスファルトに立つかげろうのように、幻想的で現実感がない不可思議な縁です。

火と水は直接触れ合うと消えてしまいますが、間に鍋や風呂釜などを置けばお湯が沸くという有用な関係でもあります。容器にひびが入らない程度に、適切な距離を置けばお互いを有効利用できるでしょう。

土属性 × 土属性

現実的に利益を求める関係で、最良のビジネスパートナーとなり得ます。理想を実現する方法を具体的に考える組み合わせです。恋人同士なら「どうすれば結婚できるか」を考えるし、夫婦なら永続的な繁栄を求めていく、物理的な豊かさを生み出す関係です。

お笑い芸人でも土×土は大成している方が多く、ボケとツッコミにはっきり分かれたコンビが多いです。これは価値観を確立する土属性同士のぶつかり合いです。オーソドックスに笑いを取る方法で、「実際にウケるには」という土属性的な考え方だともいえます。映画なら『マーベル・シネマティック・ユニバース』で数々のキャラクターを創造した原作者スタン・リー（♑）と作画家ジャック・カービー（♍）のように、確実にヒットを作る才能にあふれたコンビです。あまり仲が良くなく、ジャックはスタンをあまり信用していなかったそうですが、ふたりが作り出した作品やキャラクターは後世に残る高い完成度を誇っています。感情や共感よりも、土属性の現実主義、物質主義で結ばれたふたりだといえるでしょう。

土属性 × 風属性

土に風が吹くと砂埃が舞い、山は風の方向を変えてしまいます。どちらか片方の目を曇らせたり、方向性を変えたりする関係で、自然になじむ相性ではありません。

『(500) 日のサマー』で天真爛漫なサマー（ズーイー・デシャネル♑）に片思いをするトム（ジョセフ・ゴードン♒）は、彼女の真意を汲み取れず空回りし続けますが、その気にさせたサマーもまた、価値観が変わる経験をします。砂埃で前が見えなくなったと思ったら、お互いの方向が変わっていた。適合しづらい属性に恋をしてしまった例ですが、絶対に動かない土を風が遠くまで運んでくれたり、一方向にしか行けない風を土が知らない場所にいざなってくれたりする、大きな可能性を持った組み合わせともいえます。

『スター・ウォーズ』は当時のアメリカでは誰もヒットを予想していませんでした。しかし監督ジョージ・ルーカス（♑）と俳優マーク・ハミル（♎）のコンビは、この作品でひとりの力ではたどり着けない伝説に到達しました。合う、合わないだけではない、一か八かの爆発力を感じられる相性です。

土属性 × 水属性

水は土に沁み渡り、土は水によって豊かさを増します。現象を見ても、かなり良い関係だと想像がつきます。お互いを対等に高め合うというよりは、師匠が弟子に知識を与え、弟子が師匠の日々に潤いを与えるような、ギブアンドテイクの最上級をもたらす関係です。豊かな栄養や植物の種子を深い部分に宿している土に、水が沁み込むことで発芽する、無色透明な水が土と混ざることで色づく、そんなイメージです。

映画『プリティ・ウーマン』では実業家（リチャード・ギア♍）が教養と物質的な充足という土要素を娼婦（ジュリア・ロバーツ♏）に与えます。そして彼女もまた、彼の乾いた心に新鮮な感情を注ぎました。『羊たちの沈黙』のレクター博士（アンソニー・ホプキンス♑）は女性捜査官（ジョディ・フォスター♏）の心の奥深くに興味を覚え、現実的な手掛かりを与えて事件を解決へと導きます。『男はつらいよ』の山田洋次監督（♍）が渥美清（♓）に車寅次郎という役を与えたのは、まさに水と土を混ぜて人形を作るような工程。土属性と水属性が与え合う有益性を物語っています。

風属性 × 風属性

知性とコミュニケーションに重きを置く者同士で、火のように熱くならず、土のように価値観でぶつかることもありません。形を持たない風がぶつかっても混ざり合うだけ。「そういう考えもあるのか」という俯瞰の視点を持つ組み合わせです。既存の価値観に縛られない多ジャンルでの友情や愛情を育めます。『バック・トゥ・ザ・フューチャー』のマーティ（マイケル・J・フォックスⅡ）とドク（クリストファー・ロイド♎）のように、年齢に囚われないフランクなパートナーシップを結べる珍しい関係です。男女間でも愛情が友情に変わりやすいといえます。さらに風属性は多様性を認める性質です。ファンタジー作品としては異例のアカデミー作品賞を受賞した『シェイプ・オブ・ウォーター』の監督ギレルモ・デル・トロ（♎）とダグ・ジョーンズ（Ⅱ）のコンビは、白人優位の映画界や横行するセクハラ問題を受け、揺れるハリウッドに一石を投じました。新たな価値観、マイノリティを積極的に伝播させようとする組み合わせです。風の時代と呼ばれる現代に大切な認め合いができる相性でしょう。

風属性 × 水属性

風と水が合わさると、雲になって空を動いたり、ストローで水に空気を吹き込んだときのように泡を生んだりできますが、いずれも永続性を望むことは難しいでしょう。この二者間に必要なのは、適切な「距離」です。

俳優同士のカップル、ニコール・キッドマン（Ⅱ）とトム・クルーズ（♋）もこの組み合わせです。最初は、トムの働きかけでニコールがハリウッド進出を果たしました。ふたりは映画『アイズ ワイド シャット』などで共演していますが、ニコールが演技派女優として才能を開花させるのは離婚後のことです。彼女は「今までは結婚生活が最優先だったが、離婚後は演じたいという情熱がより強くなった」と語っています。この関係は単純に相性が悪いということではありません。ふたりは交じり合わなかったけれど、トムがニコールの才能を引き出し、お互いがスーパースターへの階段を昇っていったことは事実です。素晴らしいと認め合うことで輝く関係ですが、どれだけ愛し合ってもお互い他人であり、恋人でも夫婦でも、適切な距離を保ったほうがうまくいく組み合わせだといえるでしょう。

水属性 × 水属性

感受性と共感力が高い水属性同士はお互いのテリトリーを浸し合い、一体化願望を強く持ちます。そのため他の誰よりも深い絆を結ぶことができますが、反面自分たちの世界と価値観に溺れてしまうこともあります。誰が何を言っても、私たちは私たち、という水属性の排他性は、火属性の「ひとりで勝手に進む衝動」とはまた異なる頑なさを持っています。ともすると孤立しがちな水同士ですが、この属性の最大の武器は「親しみやすさ」です。

映画『めぐり逢えたら』『ユー・ガット・メール』など実に4度の共演でカップル役を演じたトム・ハンクス（♋）とメグ・ライアン（♏）の、ラブコメディの代名詞のような組み合わせです。スーパースター同士なのに見ている人に親近感を抱かせ、「あのふたりを見ているとほっこりする」と思わせる理想の組み合わせでしょう。数々のヒット作を生み出してきたふたりは、自分たちの共感をまるで「池に石を投げて波紋を起こす」ように外の世界に広げていくことが、良い仕事につながることを教えてくれています。

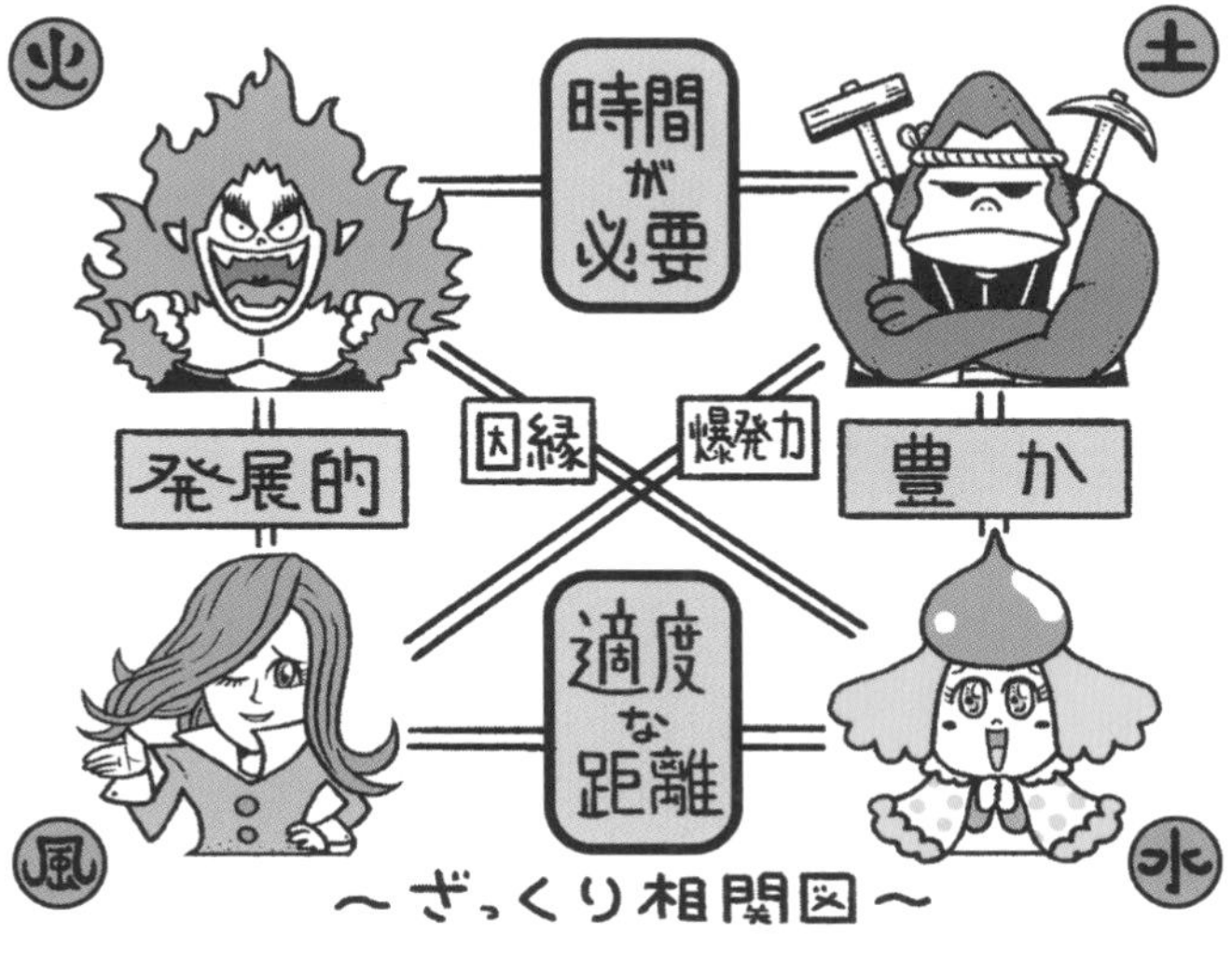

シナリオワーク―物語を完成させよう―

あらすじから、惑星、サイン、ハウス、アスペクトと読み解いてきました。ホロスコープをシナリオとして組み立てるために、あらすじを土台として、惑星、サイン、ハウスの要素で肉付けしていきましょう。必要に応じてアスペクトも活用します。実際にぼくが占った方のホロスコープから、そのコツを紹介したいと思います。

左の図がそのホロスコープです。やはり最初は太陽のサインとハウスを読みます。この方は太陽がおとめ座で3ハウス。おとめ座の太陽は合理的で、自分を現実に合わせるという生き方です。3ハウスはコミュニケーション、そして多芸多才。コミュニケーションが行われるマルチな現場で、自分を現実に合わせている、と読みました。おとめ座なので、エレメントは土属性。ホロスコープが下半分に偏っているので、外に出るよりもプライベート重視、裏方向き。というわけで、これをあらすじ（↓28ページ）に当てはめると、「安定感を求めるあなたが、プライベートのために、コミュニケーション

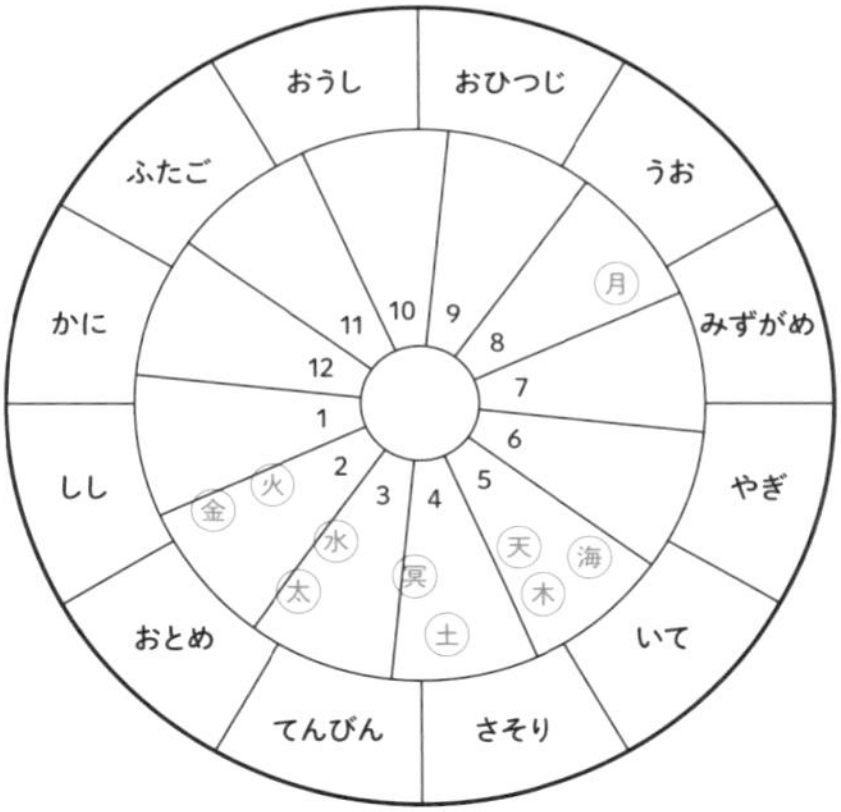

太陽	おとめ座	土	3ハウス
月	うお座	水	8ハウス
水星	おとめ座	土	3ハウス
金星	しし座	火	2ハウス
火星	しし座	火	2ハウス
木星	いて座	火	5ハウス
土星	さそり座	水	4ハウス
天王星	いて座	火	5ハウス
海王星	いて座	火	5ハウス
冥王星	てんびん座	風	4ハウス

の場で自分を現実に対応させる」となります。このホロスコープの持ち主はぼくの同級生で、堅実に生計を立てていますが、運送業や駐車場経営、趣味の修繕を活かしたリサイクルショップなど複数の職種をこなす、まさに多芸多才の人物です。個人事業主なので、顧客とのコミュニケーションが主な現場となっています。

ここでエレメントの属性の配分を見てみると、火５土２風１水２という、いうなれば「火が強めの土属性」でした。ジャンルとしてはサクセスストーリー的に現実の世界で上昇する物語を生きる人なのですが、ところどころに挿入されるシーンは創造的で、情熱と衝動を求める火で満たされています。堅実な仕事の中にも、趣味を活かして楽しんでいるところは、火属性の多さが大いに関係していると感じます。

惑星もいくつか見ていきましょう。月はうお座8ハウス。月はひとりでいるシーンの無意識な自分です。うお座は柔軟で相手に寄り添うサイン、8ハウスは他者との一体化や才能を見出すシチュエーション。これらを合わせると、「無意識のうちに他者の才能を柔軟に引き出す」というふうに読めます。そういえば彼はアドバイスがとても上手で、ぼくはいつも彼を頼っています。占いの相談をしているうちに、自然と占星術の基本的なルールを覚えてしまうほどのみ込みが早く、無意識のうちにぼくに寄り添っていてくれたのかなと思います。

お金を表す2ハウスには、しし座の金星と火星が固まっています。喜びと情熱が、お金の分野で、しし座的な輝きを放っているということです。才能を生かして稼ぐことに情熱を燃やし、趣味や楽しみなどの金星的な部分が収入とつながっていると読めます。

最後にアスペクトを見ると、生き方を表す太陽と内面を表す月が180度のオポジション。良くも悪くも強く引き合う相性です。月だけがホロスコープ上側の「パブリック」な場所にあるのも印象的です。実は、ぼくが吉本に入る際、彼にコンビ結成を持ちかけたことがあります。彼もお笑いが大好きですが、実際は堅実に生きる道を選びました。それでも、いまだにお笑いや占いの相談に乗ってくれている。合理的で堅実なプライベート重視の生き方（太陽）と、世に出て他者の才能を引き出す内面（月）が見事に対極にあるように読めます。

このように、惑星のキャラクターをハウスという舞台に立たせてみると、物語の全体像が浮かび上がります。あらすじから組み立てて他の惑星と絡めることで、自分の性質の思いもよらない活用法や、新しい物語が作り出せることもあります。

というわけで、**あらすじ**を読んだ後は**月のサインとハウス→その他の惑星のサインとハウス→アスペクト**の順番で読むのがまずはおすすめです。自分のホロスコープなら、他人に見せていない面も含めてより深く読めるし、人生と照らし合わせることもできます。矛盾や葛藤となりそうな言葉を見つけてしまっても、大丈夫。良し悪しや生きづらさとしてではなく、あなたの物語の特色、活用や改善できるポイントとして前向きに使えるのが、西洋占星術の良いところです。

あとがき

本書を手にとってくださって、本当にありがとうございます。企画を伺ったときからずっとドッキリだと思いながら過ごしてきましたが、めでたく出版の日の目を浴びることができました。普段ぼくはお笑いライブに出演して、テレビやコンテストで活躍する芸人さんたちを占っています。その中で感じるのは「占いってこんなに遊べるんだ！」ということです。未来の可能性を予測することも醍醐味ですが、欠点や失敗談を星のせいにして笑い飛ばすことができる、これも占いの魅力のひとつだと感じます。星のせいにすれば、大先輩にも好き勝手なことが言えるのは、ここだけの話です。

ぼくが楽しく占いと接することができるのは、師匠である故まついなつき先生が大きく影響しています。占い芸人育成ＧＰで優勝したときは基礎もままなりませんでしたが、映画占いを発案したところ、とても褒めてもらえました。先生からは「好きなことを占いと掛け合わせれば、世に出すことができる」ということを教わりました。先生の場合は漫画、ぼくの場合は映画とお笑いです。先生とはもう話せないけれど、ぼくは先生のホロスコープを知っています。それを見れば、どんなふうにこの本を楽しんでくれるかも想像できます。ホロスコープは人生のシナリオでもあり、エピローグにもなるのですから。

本書の出版に尽力してくださったインプレスと、監修をしていただいたザッパラスの皆様、イメージにぴったりのイラストを描いてくださったうのきさん、素敵なデザインを施してくださったカミグラフデザインさんにも、感謝の気持ちでいっぱいです。占い仲間の皆様、占わせてくれる芸人仲間、占いライブを企画してくれる吉本興業と劇場スタッフと支配人、そして一度でも占いをさせてくださった皆様に感謝を捧げます。

本書を占ったところ、たくさんの人の手に渡り、みんなを笑顔にするという結果が出ました。この占いを当てるのは、読者の皆様です。ぼくが占った後に言われて一番うれしい言葉は、「当たってる！」ではなく「面白かった！」です。西洋占星術の力で、ひとりでも多くの人を笑顔にできたら、こんなにうれしいことはありません。

ますかた一真

■ 商品に関する問い合わせ先
このたびは弊社商品をご購入いただきありがとうございます。
本書の内容などに関するお問い合わせは、下記のURLまたはQRコードにある
問い合わせフォームからお送りください。

https://book.impress.co.jp/info/

上記フォームがご利用頂けない場合のメールでの問い合わせ先 info@impress.co.jp
※お問い合わせの際は、書名、ISBN、お名前、お電話番号、メールアドレス に加えて、「該当するページ」と「具体的なご質問内容」「お使いの動作環境」を必ずご明記ください。なお、本書の範囲を超えるご質問にはお答えできませんのでご了承ください。
・電話やFAXでのご質問には対応しておりません。また、封書でのお問い合わせは回答までに日数をいただく場合があります。あらかじめご了承ください。
・インプレスブックスの本書情報ページ https://book.impress.co.jp/books/1121101036 では、本書のサポート情報や正誤表・訂正情報などを提供しています。あわせてご確認ください。
・本書の奥付に記載されている初版発行日から3年が経過した場合、もしくは本書で紹介している製品やサービスについて提供会社によるサポートが終了した場合はご質問にお答えできない場合があります。

■ 落丁・乱丁本などの問い合わせ先
TEL 03-6837-5016　　FAX 03-6837-5023
service@impress.co.jp
（受付時間／ 10:00-12:00、13:00-17:30 土日、祝祭日を除く）
・古書店で購入されたものについてはお取り替えできません。

■ 書店／販売会社からのご注文窓口
株式会社インプレス 受注センター
TEL 048-449-8040
FAX 048-449-8041

占い芸人ますかた一真の
自分で占えるようになる
西洋占星術の超入門

2021年12月11日　初版発行

著者　ますかた一真
監修　ザッパラス
発行人　小川 亨
編集人　高橋隆志
発行所　株式会社インプレス
〒101-0051
東京都千代田区神田神保町一丁目105番地
ホームページ　https://book.impress.co.jp/

Staff
デザイン　村上 総／吉光さおり（Kamigraph Design）
イラスト　うのき
制作協力　吉本興業株式会社
URANAI ACADEMY
編集　杉本律美
副編集長　本田拓也
編集長　山内悠之

印刷所　シナノ書籍印刷株式会社
ISBN978-4-295-01301-3　C0076
Printed in Japan